“Todo ministerio que t[illegible] alcanzar a los perdidos, sanar a los quebranta[illegible] zón y liberar a los oprimidos por el diablo, es merecedor de todo mi respeto. Quiero en tal sentido recomendar especialmente este libro de nuestra hermana A.G., que ofrece respuestas bíblicas a las aflicciones del hombre y testimonios estremecedores que lo ayudarán en su fe”.

Rev. Claudio J. Freidzon
Iglesia Rey de Reyes
Buenos Aires, Argentina

“Por muchos años se ha predicado y enseñado de que cuando una persona recibe a Jesucristo como su Salvador, es libre de toda atadura satánica del pasado. Esto se ha discutido y se han visto las evidencias tristes de que no es así. Necesitamos instrucción. En este libro usted encontrará instrucciones específicas acerca de las artimañas satánicas y del poder de Jesucristo para destruirlas”.

David Greco
Ministerio Cielos Abiertos
New Jersey, EE.UU.

“Desde que vi la carátula, supe que este libro era algo especial y de grande bendición, lo corroboré con la lectura. “¡Por favor, quédate Señor!” es un instrumento de Dios que, estoy segura, traerá a todo el que lo lea sanidad y liberación para vivir una vida plena en Dios”.

Cecilia Caballeros
Iglesia El Shaddai
Ciudad de Guatemala, Guatemala

“Con frecuencia en el ministerio hallamos personas que han sido seria y negativamente afectadas por traumas que han causado profundas heridas en el corazón de estas. A. G. Rodríguez nos relata su testimonio y cómo fue librada de las garras del adversario por el poder del Espíritu Santo. Su libro nos relata el maravilloso poder y amor de Dios para reconciliar, restaurar y sanar a sus hijos. Este libro es un sencillo y poderoso testimonio de la misericordia de nuestro Salvador para toda alma quebrantada".

Héctor P. Torres, Presidente
Ministerio Hispano Internacional
Colorado Springs, Colorado EE.UU.

"Un libro abierto a la realidad de muchas vidas. Un libro necesitado por muchas vidas. Un libro que enfrenta la realidad del engaño en que, por nosotros mismos o por otros, caemos hasta destruirnos. Un libro que con realismo desenmascara la obra de Satanás en la vida de gente al parecer normal que nos rodean. Y, por último, un libro que nos lleva a la realidad de las respuestas victoriosas de 'Aquél que nos llamo de las tinieblas a Su luz admirable: ¡Jesús!' ¡Gracias a Dios por este libro!"

Maria P. Wolcott
Iglesia Castillo del Rey
Monterrey, México

"Por conocer la autora de este libro tan especial, puedo decir que las vivencias compartidas aquí son auténticas, nos revelan a un Cristo vivo, Dios de Poder, amor, milagros, perdonador y amigo.

A.G. Rodríguez sierva de oración y fe , vive lo que predica, su pasión es rescatar almas atadas a la libertad de Cristo, su integridad y dedicación al Señor han impactado mi vida y sé que impactará también a todos los que lean este libro y tengan el privilegio de ser ministrados bajo la unción divina que la acompaña".

Carmen Torres, Pianista y Compositora
Lord & Tower Productions
Miami, FL EE.UU.

"En las letras de este libro, puedo ver la vida, presencia y unción del Espíritu Santo canalizando a través de esta obediente sierva del Altísimo: A.G. Rodríguez. Infinitas gracias doy a Dios, por su amistad y apoyo incondicional en mi vida y ministerio".

Margarita Agramonte
Ministro de Alabanza
Miami, FL EE.UU.

"He conocido a A.G. por más de diez años y puedo dar fe de la integridad de su ministerio. Ella es una mujer dispuesta a creerle a Dios y dejarse usar por Él. Estoy seguro de que este libro será de mucha bendición para todos los que tengan la oportunidad de leerlo".

Orlando A. Rodríguez
Sabio y Prudente Ministries
Nashville, TN EE.UU.

¡POR FAVOR, *Quédate* SEÑOR!

A. G. Rodríguez

¡Por favor, quédate Señor! por A. G. Rodríguez
Publicado por Casa Creación
Una división de Strang Communications Company
600 Rinehart Road
Lake Mary, Florida 32746
www.casacreacion.com

A menos que se indique lo contrario, todos los textos bíblicos han sido tomados de la Versión Reina-Valera de 1960.

Diseño de cubierta: www.lookoutdesign.com

Arte de cubierta: © 1990 Pat Rios —BezalelArts@aol.com

ISBN: 0-88419-700-X

12345 BP 87654321

Impreso en los Estados Unidos de Norteamérica

Dedicación

Le dedico este libro a . . .

... El que me entregó el libro en un sueño hace muchos años, y me ha permitido vivirlo y escribirlo, mi Señor Jesucristo. Gracias por salvarme, por liberarme y sanarme antes que fuera muy tarde.

... mis cuatro hijos. Los primeros dos que me fueron arrebatados antes de conocerlos para ser abusados en rituales satánicos. Ellos están en el cielo con Jesús, esperando por su mamá, quien no las a olvidado.

... mis dos hijos que viven, un regalo de Su gracias, quienes me enseñaron a amar de nuevo. A Marysol, mi viajera internacional. Ahora sé que lo que se siembra se cosecha. Tengo que dejarte ir así como tú me dejaste viajar tantas veces. A David, mi empresario y dueño de su propio negocio desde los 14 años de edad, un joven tras el corazón de Dios. Les doy gracias por compartir nuestro ministerio con las naciones y por sacrificar parte de nuestro tiempo de familia.

... los rostros olvidados del mundo, esas vidas que están heridas y que necesitan un mensaje de fe, esperanza y aliento.

... todos aquellos que sienten que sus vidas están rotas a causa de las memorias feas de un aborto, una violación, un abuso sexual, una adicción o un trauma. A ti dedico este libro y oro para que encuentres libertad en Cristo. Que Dios use este libro para ministrarte Su amor.

Agradecimientos

A mi **Señor Jesucristo** por darme vida, salud divina y la bendición de escribir este libro para Su gloria.

A mi esposo **Sam**, y a mis hijos **Marysol y David**, por ayudarme a vivir este libro y permitirme compartir en estas páginas parte de nuestra vida privada.

A todos los que han sido usados por Dios para tocar mi vida. Especialmente, el **Rvdo. Nilo Matos**, el pastor **Benny Hinn**, el evangelista **Carlos Annacondia** y el **Dr. Paul** y **Jan Crouch**.

A todos **mis amigos personales, voluntarios del ministerio** y **compañeros de oración**, por apoyar este libro con sus oraciones y palabras de exhortación.

A **Pat Ríos**, la artista del dibujo en la portada y a todos los que laboraron en el diseño.

A todos los que apoyaron este proyecto con su oración, endoso, idea y talento. Extiendo un agradecimiento muy especial para **Gisela Sawin** por ayudarme con la edición y formación de este manuscrito. Gracias a toda la familia de **Casa Creación** por trabajar en este libro, especialmente a **Tessie Güell de DeVore** por creer que Dios me había dado un mensaje que tenía que ser compartido.

A mi **madre Noelia**, gracias por ser una madre tan buena. Tu decisión de no tener un aborto y de traerme al mundo me permitió vivir y escribir este libro.

Al **lector**, gracias por dar parte de su vida—lo que le llamamos tiempo—para leer este libro. Que Dios lo utilice para alentarlo a buscar más de Él y darle más hambre por Su presencia.

Amparo G. Rodríguez

Índice

CAPÍTULO 5

CAPÍTULO 6

CAPÍTULO 7

Prólogo

Amado lector,

Este libro contiene verdades bíblicas olvidadas por gran parte de la Iglesia: la compasión por los que sufren.

Sus páginas nos revelan a un Jesús Salvador como fuente de amor, de salud, de vida, de esperanza y de milagros (Isaías 61). También encontrará a un Jesús que libera las almas de las garras de Satanás, inspirando al lector a poner por obra las verdades de Dios:

> "Y les dijo: Id por todo el mundo y predicad el evangelio a toda criatura. El que creyere y fuere bautizado, será salvo; mas el que no creyere, será condenado. Y estas señales seguirán a los que creen: En mi nombre echarán fuera demonios; hablarán nuevas lenguas".
>
> —*Marcos 16:15-17*

He aquí Amparo Rodríguez, la cual conozco y he visto ministrar a personas atadas y enfermas, reclamando a Dios Sus promesas para los hombres y mujeres desesperanzados y doloridos.

Una mujer que un día levantó los ojos a Jesús y obtuvo Su compasión, otorgándole sanidad y liberación. Luego de recibir el milagro, sus ojos fueron abiertos a un mundo sobrenatural y Jesús le dijo: "Tú también puedes hacerlo en mi nombre. De gracia has recibido, da de gracia".

Que el Señor inspire su vida por medio de estas páginas, para ser una fuente de bendición para otros.

—Evang. Carlos Annacondia
Argentina
marzo del 2001

Introducción

¡Por favor, quédate Señor!, nos llama a desligarnos de los ajetreos del diario vivir para descubrir la auténtica vida que Dios ha planificado y llenado con abundancia espiritual. Este libro lo alentará a clamar sanidad en cada área de su vida al enseñarle que la fe requiere de acción. Con la actitud de nuestro corazón, escogemos movernos de esperar la visitación de Dios a desear una ocupación del Espíritu.

Las lecciones de la vida y las historias de fe compartidas en estas páginas brindan esperanza, ayudan a construir el hambre por Dios, y exponen los esquemas del enemigo para que vivamos las victorias diarias con relevancia eterna y espiritual. Estas experiencias le enseñarán que recibir la plenitud espiritual, la liberación total y la sanidad divina, se logran cuando el Espíritu Santo mora en cada aspecto de su vida. Aquellos que se rindan a la dirección del Espíritu manifestarán el Reino de Dios al mover el cielo y cambiar la Tierra a través de sus oraciones.

Los que anhelan tener más intimidad con Cristo serán inspirados a través de estas páginas a buscar más de Él, de Su presencia, de Su Palabra y de Su gloria. Este libro le enseñará a descubrir los propósitos de Dios para su vida y le ayudará a convertirse en la persona que Él creó. Este libro ayudará a todo el que se siente que está viviendo una vida llena de responsabilidades y actividades y desea encontrar una manera fresca de confrontar sus prioridades. A través de relatos de mi vida (aunque este libro no es una autobiografía) y experiencias en el ministerio, Dios lo alentará a expandir su fe y creer en Él para recibir lo imposible. Mi oración es que usted sea retado a pasar más tiempo orando, ejercitando su fe y preparando su corazón para ser habitado por Dios.

—Amparo G. Rodríguez

Capítulo 1

Dos horas de vida

Gócense y alégrense en ti todos los que te bus-
 can,
Y digan siempre los que aman tu salvación:
Jehová sea enaltecido.
 Aunque afligido yo y necesitado,
Jehová pensará en mí.
Mi ayuda y mi libertador eres tú;
 Dios mío, no te tardes.

—*Salmo 40:16-17*

Oración pidiendo salud

Bienaventurado el que piensa en el pobre;
En el día malo lo librará Jehová.
Jehová lo guardará, y le dará vida;
Será bienaventurado en la tierra,
Y no lo entregarás a la voluntad de sus enemigos.
Jehová lo sustentará sobre el lecho del dolor;
Mullirás toda su cama en su enfermedad.
Mis enemigos dicen mal de mí, preguntando:
¿Cuándo morirá, y perecerá su nombre?...
Cosa pestilencial se ha apoderado de él;
Y el que cayó en cama no volverá a levantarse.
Mas tú, Jehová, ten misericordia de mí, y hazme levantar;...
En cuanto a mí, en mi integridad me has sustentado,
Y me has hecho estar delante de ti para siempre.
Bendito sea Jehová, el Dios de Israel,
Por los siglos de los siglos.
Amén y Amén.

—Salmo 41:1-3, 5, 8, 10, 12-13

1

Las posibilidades de vida eran casi nulas. Los médicos no creían que podría resistir una nueva cirugía. El diagnóstico era: dos horas de vida. Estaba paralizada desde cuello. Los doctores intentaron operarme para colocar una válvula en mi cerebro que controle el líquido que estaba allí acumulado, el futuro parecía incierto.

Todo comenzó con una complicación en una simple cirugía de vesícula. El 14 de febrero de 1991, día de los enamorados, luego de sentir un gran dolor en el vientre me encontré en medio de la sala de operaciones. Allí la vesícula explotó y una de las piedras quedó alojada en el conducto biliar del hígado.

Inmediatamente tuvieron que reparar ese daño con varias cirugías que se sucedieron en cuestión de cien días. Para hacer reaccionar nuevamente el hígado me colocaron un tubo que reemplazaba el conducto biliar enviándolo por un trayecto diferente del que cursa normalmente.

Durante la tercera intervención, la situación era tan grave que las probabilidades de vida eran pocas. Mi cuerpo no resistía más anestesias, ya que luego de aplicadas no me despertaba con facilidad. El sobrepeso y algunas otras complicaciones de salud, dificultaban la situación. Todo esto impedía que ingrese nuevamente a una mesa de operaciones. Pero esta cirugía sería la que concluiría con el trabajo en el hígado. El primer milagro de esos días fue haber salido con vida de esa sala de operaciones.

Luego de esa intervención tan delicada, nunca hubiera imaginado que todo se complicaría tanto. Mi cuerpo rechazaba las aplicaciones de morfina. El dolor era cada vez más intenso. Mis pulmones entraron en shock y dejaron de funcionar. La actividad de varios de mis órganos estaba sustentada por tubos que traspasaban mi garganta, nariz y venas, distribuidos diecisiete de ellos en todo mi cuerpo.

Este cuadro se había agravado con infección, complicaciones en la sangre, en el hígado y en el estomago. Parte de estos órganos ya había sido extraído. Gran parte del intestino delgado y parte del intestino grueso también.

Podía mover solamente un dedo

Un día el médico entró en la sala y dijo: "Los pulmones y riñones no están funcionando, tu cuerpo está acumulando mucho líquido y por esa causa has quedado paralizada. Debemos también observar a qué nivel se encuentra acumulado el líquido en el cerebro. Tienes que regresar a la sala de operación en dos horas".

Mi cuerpo estaba conectado casi en su totalidad a máquinas que me mantenían viva artificialmente. Mi boca no podía expresar ni siquiera la palabra "Jesús" a causa de los tubos que cruzaban mi nariz y el respirador que cubría mi boca. Sin embargo, era consciente que podía mover solamente un dedo.

Durante todo este tiempo había una enfermera a mi lado. Luego me enteré que era cristiana. El único que podía cuidarme era mi esposo ya que el resto de mi familia cuidaba a mi padre que también estaba muy grave en otro hospital.

Algunos días antes de que se me realizara esta intervención pedí autorización para que me permitieran tener una televisión con videocasetera en la sala. Amablemente me concedieron lo pedido.

Durante los días que permanecí en la Sala de Cuidados

Intensivos podía escuchar y ver algunos videos del pastor Benny Hinn en sus cruzadas de milagros. Esto ayudaba a mi fe, ya que no podía moverme y mucho menos hablar. Estos videos funcionaban las veinticuatro horas del día. Yo anhelaba que el Espíritu Santo y Su unción entraran en mi habitación.

Enfrentaré a un gigante antes de recibir mi promesa

En aquel tiempo, el año 1991, no conocía personalmente al pastor Benny Hinn, lo había visto por televisión únicamente, y a través de ese medio había sido ministrada.

Una de esas tardes, el médico entró a la habitación de cuidados intensivos y me dijo que tenía dos horas de vida. Aconsejó a mi esposo que busque un cura o un pastor, antes de que entre en coma, ya que no sobreviviría más que tiempo. Los diferentes sistemas del cuerpo estaban apagándose. Pero en mi vida había una esperanza, si Dios lo había hecho con tantas personas, podría hacerlo conmigo. Tenía poca fe, pero sabía que mi Dios era grande. Él me había rescatado de muchas cosas en el pasado con un propósito que aún no había cumplido. Sam, mi esposo, salió de la habitación para llamar al pastor y a la familia.

Durante cuarenta y cinco minutos estuve a solas con el Señor. Cuando el médico se había retirado del cuarto, apagó el televisor, pero antes yo había escuchado unas palabras del pastor Benny Hinn que ministraron mi vida, él dijo: "Tú siempre te enfrentaras a un gigante antes de recibir tu promesa".

En ese instante un pensamiento cruzó mi mente: David se encontró con su gigante Goliat, y anteriormente enfrentó a muchos osos y leones sin que nadie lo viese. Pero, públicamente pudo matar al gigante.

Yo era consciente que había librado muchas batallas en

mi vida, eran como los leones y los osos que David tuvo que enfrentar y matar, y nadie las vio. Fui libre de las garras del diablo, salí de lo profundo de la secta satánica y de tantas batallas mentales, sabía que Dios era mayor que todo y que se glorificaría en esto.

Mientras estos pensamientos recorrían mi mente, sentí la presencia del Espíritu Santo. En esos momentos le dije: "Señor, el pastor Benny dijo que enfrentaré a un gigante antes de recibir mi promesa, y Tú eres mi promesa. Mi gigante es no poder moverme, es enfrentarme a la misma muerte. Los médicos dicen que voy a morir, estoy muy grave, ni la morfina me ayuda, estoy despierta cuando debería estar inconsciente".

Aunque los médicos no comprendían por qué no entraba en coma, ahora sé que fue para poder escribir este libro algún día, sabiendo lo que sucedió en esos momentos.

No volvería a calzar más mis zapatos

De pronto, una impresionante presencia satánica entró en la habitación y el lugar fue lleno de ese mal espíritu. Por años formé parte del satanismo y podía distinguir la presencia satánica dondequiera que esté.

Esa noche se había desatado una batalla espiritual, pude ver a los demonios riéndose dentro de la habitación. En ese instante, una voz diabólica comenzó a hablarme al oído, diciéndome que no volvería a calzar más mis zapatos. Él se refería a aquel confortable par de zapatos que con frecuencia utilizaba para predicar. El objetivo del diablo era hacerme creer que las palabras del pastor Benny Hinn no eran ciertas y robar mi fe.

Comencé a recordar mi niñez, todo sucedía delante de mis ojos como una película, pero únicamente revivía lo negativo, los buenos momentos de mi historia habían sido quitadas de ese film.

Aunque sabía que la presencia satánica estaba mi habitación, no tenía fuerzas para reprenderla. Durante más de cuatro años había ministrado liberación, había ayudado a cientos de personas a salir del ocultismo. Sin embargo, en ese momento no podía ni decir: Jesús. No podía reprender ni atar al demonio, porque mi boca estaba bloqueada con tubos que lo impedían. Ese era mi paso de fe, debía confiar en el Espíritu Santo. Luego de reconocer la situación, le dije al Señor desde mi corazón y pensamiento: "Esta es tu batalla. Sé que estás aquí, y para tu gloria volveré a ponerme esos zapatos y saldré a predicar". En ese momento Dios me trajo a memoria este texto: "Jehová peleara por vosotros, y vosotros estaréis tranquilos" (Éxodo 14:14).

Lo único que anhelaba era...

Allí estaba, al filo del precipicio. Mirando hacia el techo desde una cama de hospital, buscando en el cielo raso la respuesta a mi situación. Deseaba hallar la salida para escapar de aquel hoyo de oscuridad.

Desde allí, el diablo, astuto embustero, me mostró una película que comenzaba a los once años de mi vida. A esa edad empecé a jugar con el conocido juego de la Ouija, y a abrirle las puertas a las cosas del ocultismo.

Luego de cuarenta y cinco minutos de una batalla mental, Dios me mostró que al igual que a David, esta era mi batalla en público. Ya había tenido mis batallas en privado. Sentí que tenía poca fe, pero un Dios grande. Allí fue donde supe que tenía que tocar las cosas en el mundo invisible, tocar el corazón de Dios buscando y anhelando ver Su rostro. Entonces comprendí que estaba tocando lo invisible.

Fue entonces que comprendí la promesa bíblica que me sustentaba en estos momentos: "Bendice, alma mía, a Jehová, y bendiga todo mi ser su santo nombre. Bendice, alma mía, a Jehová, Y no olvides ninguno de sus beneficios. Él es quien perdona todas tus iniquidades, el que sana todas tus dolencias; el que rescata del hoyo tu vida, el que te corona de favores y misericordias; el que sacia de bien tu boca de modo que te rejuvenezcas como el águila" (Salmo 103:1-5).

Esta promesa que dice "El que sana todas tus dolencias", se hizo tan real en mi mente que comprendí que Él podía sanarme ese día.

Cuando la gloria de Dios llenó aquella habitación, el Espíritu Santo rodeó esa sala. Él estaba allí conmigo y todo demonio salió, toda presencia demoniaca se fue. La gloria de Dios era tan dulce en ese momento que lo único que anhelaba era continuar sintiendo esa presencia sobre mí, y así sucedió. Él había rescatado del hoyo mi vida

SU PRESENCIA ERA TANGIBLE

La gloria de Dios fue como un acolchado caliente sobre mi cuerpo. No vi al Señor, pero supe que estaba allí, a los pies de mi cama. Su presencia era tan tangible que tenía la certeza de que estaba allí. Su gloria era tan dulce que ni siquiera anhelaba que me sanara. No le pedí que lo haga, no buscaba mi sanidad, buscaba al Sanador. Tenía hambre de Él y quería esa presencia, ese toque. Le dije: "Señor, no estoy buscando mi sanidad sino Tu presencia. Quédate conmigo, no te vayas. No quiero vivir un solo día sin sentir Tu presencia. ¡Por favor, quédate Señor!".

Agregué luego: "He llevado a tantos a ingresar en el mundo del satanismo. Si pudiera, quisiera traer a Tu reino uno por cada uno de aquellos".

En ese momento, la luz de Dios entró como un resplandor, y supe que fui rescatada de ese hoyo de oscuridad.

"Señor, sé que quieres usarme para tocar el mundo, pero hazme sentir siempre lo que estoy sintiendo ahora. Ni un día quiero dejar de sentir esa presencia", fue mi clamor. Al momento, Dios me tocó haciéndome sentir un calor por todo el cuerpo.

La enfermera, que era cristiana, estaba llorando en un rincón de la habitación. Ella sabía que la gloria de Dios había entrado allí y quedó paralizada por Su presencia. En ese momento todas las máquinas alteraron su funcionamiento. Otra enfermera entró al cuarto porque oyó el sonido del respirador que avisaba que mis pulmones habían vuelto a funcionar.

"Si vives... escribe un libro y viaja por el mundo"

Cuando mi esposo regresó a la sala, la bolsa que recogía el líquido de mis riñones estaba llena. Todo el dolor se había ido de mi cuerpo. La parálisis desapareció. Ya mi cuerpo no estaba paralizado a causa del desequilibrio orgánico, sino por el peso de Su gloria en la habitación. Me incorporé y noté que la infección de la piel había desaparecido, volví a sentir la gloria de Dios.

Las enfermeras corrieron y llamaron a los médicos. Tres horas más tarde llegó el pastor, ya me habían sacado del cuarto de cuidados intensivos y me habían derivado a una habitación común.

Al siguiente día me quitaron toda la medicación. Aunque la noticia fue muy buena, ellos me sentenciaron a seis meses de vida, lo cual ellos dudaban. El medico me dijo, "si vives seis meses escribe un libro, y si vives un ano, viaja el mundo".

Mi cuerpo contaba con órganos seccionados. En las cirugías me habían sacado parte de ellos, además, tenía un tubo plástico dentro de mi cuerpo. Vivir era un milagro. Los doctores me decían: "No sabemos quién te sanó, pero si vives seis meses con ese tubo dentro de tu estómago y tu hígado, sin infección ni complicaciones, eso será un milagro. Aquellas personas que pasaron por este tipo de cirugías, que fueron menos de diez, ya están casi todas muertas".

Conocer al Espíritu Santo como Persona

Esto sucedió en 1991. Al día de hoy he viajado por el mundo viendo la gloria de Dios y calzando esos mismos zapatos que el diablo dijo que no volvería a usar. Cada vez que comparto mi testimonio los uso. Ya les cambié la suela tres veces por tanto uso. Pero cada vez que me los pongo para predicar, le recuerdo al diablo que aún está bajo mis pies.

Por muchos años el diablo puso trampas para que caiga en hoyos de oscuridad, pero Dios me rescató. Él tenía un plan más grande para mi vida.

Luego de lo sucedido medité durante una hora acerca de lo que Dios quería que hiciera ahora que estaba sana. Entonces comprendí la importancia de conocer al Espíritu Santo como persona, y tener una relación con Él.

Tal vez, usted lector, sienta que está en un hoyo de oscuridad, que está paralizado, que no camina en el propósito de su vida, sin embargo, Dios le dice que hay esperanza. Si Él lo hizo por mí, puede hacerlo por usted. ¿Conoces al Espíritu Santo como persona?

Aunque Dios no lo haya visitado en las mismas circunstancias en que a mí, debe tener la certeza que Él está con usted. Y esa presencia será tan fuerte y real que llegará un instante en el que usted no querrá que Él se vaya. Un momento en el que buscará al Sanador, no la sanidad, buscará a Jesús, no solamente los regalos que Él tiene para usted.

Luego de pensar sobre esa extraordinaria experiencia pude comprender que Dios permitió que no estuvieran otras personas cerca de mí para que no me roben la poca fe que tenía. Lo mismo sucedió con la hija de Jairo. Jesús mandó sacar fuera todas las personas, y solamente quedaron siete en aquella habitación (ver Lucas 8:51). Creo que esto fue para que no robaran la fe que tenía Jairo en que el Señor sanaría a su hija.

Hoy sé, y no hay duda alguna, que el Señor sana y liberta. Si su vida necesita un toque de Dios, créalo y será hecho. El Señor quiere sanarlo hoy.

En medio de mi desesperación, de mi parálisis, sentí como si estuviera en la punta de una loma, a punto de caerme. Pero al tomarme del Señor y su promesa, fui libre.

Este fue el comienzo del resto de mi vida. Pero créame que la obra que Dios comenzó no quedó inconclusa.

Capítulo 2

La trampa satánica

Dijo: Jehová es mi roca y mi fortaleza, y
  mi libertador;
Dios mío, fortaleza mía, en él confiaré;
Mi escudo, y el fuerte de mi salvación,
  mi alto refugio;
Salvador mío; de violencia me libraste.

—*2 Samuel 22:2-3*

Oración para liberación

Te amo, oh Jehová, fortaleza mía.
Jehová, roca mía y castillo mío, y mi libertador;
Me rodearon ligaduras de muerte,
Y torrentes de perversidad me atemorizaron.
Ligaduras del Seol me rodearon,
Me tendieron lazos de muerte.

En mi angustia invoqué a Jehová,
Y clamé a mi Dios.

El oyó mi voz desde su templo,
Y mi clamor llegó delante de él, a sus oídos.
Envió desde lo alto; me tomó,
Me sacó de las muchas aguas.
Me libró de mi poderoso enemigo
Y de los que me aborrecían; pues eran más fuertes que yo.
Me asaltaron en el día de mi quebranto,
Mas Jehová fue mi apoyo.
Me sacó a lugar espacioso;
Me libró, porque se agradó de mí.

—Salmo 18: 1–2, 4–6,16–19

2

Todo comenzó cuando le abrí la puerta a la actividad demoníaca sin saber lo que estaba haciendo. Mis padres se encontraban en muy buena posición económica. Tenía hermanos y hermanas. Mi familia era normal, un hogar bien constituido. Asistí a una escuela cristiana, en aquel tiempo católica apostólica romana, donde pude acceder a algunos conocimientos espirituales según la religión. Pero eso no bastaba, mi curiosidad era mayor. Pero qué podría tener de malo un juego tan sencillo y popular como el de la Ouija. En los Estados Unidos es un juego muy utilizado durante las fiestas de Halloween, o las que celebran las sectas ocultistas.

Como hija de una familia rica, tenía todos los juguetes que una niña quisiera. Pero el juego de la Ouija era el que atrapaba toda mi atención. Cuando participé por tercera vez en ese juego, me sorprendí al obtener respuesta a una de mis preguntas. La tabla me contestó que yo era melliza, que tenía una hermana gemela, lo cual era verdad. Ciertamente aquel juego no podía saber eso, eran los demonios que operaban a través de este siniestro entretenimiento. En aquel tiempo yo no conocía acerca de la presencia satánica. Esa respuesta fue un lazo.

De pronto, en un golpe emocional olvidé todo acerca de mi vida y mi pasado. Sufrí una amnesia parcial. Salí del sótano donde me encontraba jugando y no sabía quién era. La confusión había cubierto mi memoria. No recordaba quién era mi familia. Al subir, me crucé con mi mamá en la casa y no la reconocí.

Así caí en la trampa. Tal era mi pérdida de memoria que comencé a consultarle a los demonios quienes eran mis familiares. Por momentos recobraba algo de mi memoria y luego la perdía nuevamente. Era una confusión que me envolvió en lo más profundo de la actividad demoníaca.

Cuando el terror y el miedo entraron a mi vida, no quise jugar más con él. Sabía que tenía un problema mental y había olvidado todo lo que había pasado desde los once años para atrás. Esa falta de memoria sobre mi niñez duró hasta el día de mi liberación, veinte años después.

Debemos considerar muy seriamente las decisiones que tomamos en la vida. Las consecuencias pueden hacernos pagar precios muy elevados por largos años o por el resto de nuestra vida.

COMENCÉ A VESTIRME DE BLANCO... Y TERMINE EN UNA MISA NEGRA

En 1972, a los quince años, empecé a trabajar en un consultorio médico con unos doctores muy reconocidos. Mi trabajo era el de secretaria y luego me convertí en gerente de área. Estos profesionales llegaron a confiar en mí y yo en ellos.

En ese entonces, la madre de un noviecito estaba involucrada en brujería, y me dio una palabra que ella llamó "profecía demoníaca". Cuando se cumplió, comencé a vestirme de blanco, a ponerme collares, a cortarme el cabello bien corto, y me preparé para convertirme en santera. El estar vestida de esa manera denotaba interés en las ciencias ocultas, así surgió la invitación a una fiesta que los médicos de mi trabajo me hicieron.

Esa fiesta cambió mi vida, era una fiesta satánica. Como no sabía de qué se trataba acepté la invitación. Como mis compañeras de trabajo asistían, yo no temí ir. La fiesta se desarrollaba en un apartamento de dos pisos. En la planta baja había personas conversando, lo que hacía suponer que era una fiesta normal. Los invitados comían y bebían con libertad, casi todos ellos ignoraban lo que sucedía en el segundo piso. Allí se celebraba un culto satánico.

No sé si la fiesta estaría planeada para mí, pero si sé que el diablo tenía una trampa muy grande en esa noche. Como las puertas de mi vida ya habían sido abiertas a la actividad demoníaca, fue muy sencillo involucrarme. Mi apetito por las cosas espirituales continuaba despierto.

En medio del festejo, alguien puso droga en mi bebida, y en tan solo siete minutos subí por las escaleras. Cuando reaccioné estaba en una habitación siendo violada por mis jefes, y compañeros de trabajo. Esto era una orgía, un culto satánico, llamado por ellos: Misa negra.

Estos médicos, dentistas y abogados eran profesionales reconocidos en la sociedad. Vivían cómodos financieramente y eran considerados de buena reputación.

Para mantenerme viva tuve que continuar participando de los actos sexuales, transformándose con el tiempo en un estilo de vida. Era muy joven, hacía dos años que trabajaba con ellos, y me sentía confiada en mí misma al poder solventar mis propios gastos. Me había ido de mi casa paterna y estaba viviendo en un apartamento que estos médicos me rentaban a muy bajo costo.

En pocos minutos conocí los secretos de cada uno de los que estaban en esa fiesta. Muchos de ellos eran casados, y estaban allí con otras mujeres, envueltos en pornografía y cocaína.

Durante las misas satánicas, los curas principales no consumen drogas, pero se las proporcionaban a las víctimas de un culto satánico. En aquel tiempo yo no sabía lo que era un "satanista" ni una "misa negra", pero me daba cuenta que era parte de algo muy feo. Desde allí comenzó un estilo de vida que duró cuatro años.

Luego de este tiempo el miedo comenzó a apoderarse de mí. Temía que me mataran porque durante ese tiempo vi desaparecer a algunas amigas. Ese temor me llevaba a ceder a lo que ellos querían que hiciera. Así fue que comenzaron a darme diferentes drogas gratuitamente, para que me mantuviera callada. Así fui deslizándome en el vicio de la cocaína y la pornografía.

Por algún tiempo viví esa doble vida. Permanecía en contacto con mi familia, pero poco a poco estaba cayendo en un hoyo de pudrición, y no sabía cómo salir. Eran tantas violaciones físicas y emocionales, que eso terminó en diez años de adicciones a las drogas, el alcohol y la pornografía. Luego de cuatro años, cuando quise dejar el satanismo, ellos me permitieron salir, pero me llevé una maleta llena de adicciones que duraron otros seis años.

ME CONVERTÍA EN UNA NIÑA AFRICANA

Hay tantas mujeres que han caído en esas trampas. Muchas posiblemente no estén viviendo en un altar satánico, ni sean víctimas de los satanistas, quizás no hayan sido violadas por un satanista, pero han sido violadas por su esposo, un novio, un tío o su padre, y son personas que están sufriendo. Muchas veces son hombres o niños que tienen esos recuerdos de su juventud, de cómo fueron violados por otros hombres, o por un familiar.

Pero puedo asegurarles que hay esperanza. Dios los puede rescatar como lo hizo conmigo.

El alma de los que han sido violados emocionalmente fue rota, en cierta manera es como si le hubieran partido el corazón en tantos pedazos que pierden la confianza en la persona que decía amarlos, que era importante para ellos. Posiblemente en ese momento no conocía a Dios, como pasó conmigo, y hoy está viviendo en esas cenizas en las que la vida parece rota. A través de estas enseñanzas quiero decirle que hay esperanza, Dios lo puede rescatar de esos recuerdos que lastiman.

Tanto era el dolor que sentía en medio de ese abuso que en mi mente me convertía en una niña africana. Las violaciones se hacían en una habitación cubierta de fotografías de personas africanas. Una de esas fotos era la de una niña, una jovencita que estaba desnuda de la cintura para arriba, y tenía cientos de collares de todos colores. Su mirada era triste pero fija.

El altar satánico, que en ese caso era la cama, la mesa o el piso, estaba justo debajo de la fotografía de esa niña. Tal era el trauma de saberme víctima de esto, que en mis pensamientos me escapaba y me convertía en esta niña africana. Mis pensamientos eran: "Si pudiera estar donde tú estás. Te ves triste, abandonada, sola en medio de África, llena de estos collares que quién sabe lo que representan". Esa foto la usaban estos médicos como un estímulo para recibir satisfacción sexual. Pero en mi interior sabía que algún día iría a África y vería a esa niña de la foto.

Fue así que comencé a gritar en mi corazón pidiendo ayuda para salir de esa forma de vida. No sabía a quién pedirle ayuda, quién me creería lo que estaba viviendo. Fue así que le pedí a Dios porque no conocía a Cristo, ni tenía relación con el Espíritu Santo. Le pedí que me sacara de en medio de esa suciedad, y que yo pudiera algún día caminar con esa mujer en África.

A raíz de esa situación, comencé a adquirir una doble personalidad. Por momentos sentía que yo era esa niña africana y que en verdad nada estaba sucediendo. Era como un robot, no sentía que esos hombres me estaban violando, porque estaba como perdida hablando con esta fotografía, y anhelando algún día salir de eso y poder ir a África. Luego supe que estos médicos habían viajado a ese país a recibir poderes satánicos. Ellos buscaban los poderes territoriales del África y regresaban a los Estados Unidos para realizar los rituales satánicos. La única condición que pude poner frente a tanto abuso fue que ningún hombre o mujer de color —que se asociara con la imagen de la niña— me tocara o me violara. Eso me costó un alto precio, reflejado en penitencias, golpes y maltratos.

En la secta satánica se alcanzan altos cargos de liderazgo como resultado de la devoción, o por herencia generacional. Pero en mi caso, el resistirme a mantener relaciones sexuales con hombres o mujeres de color, porque sentía que insultaba a esa niña africana, trabó mi camino hacia algún puesto de liderazgo. Cada día me preguntaba dónde estaba Dios, tenía temor que buscaran a mi familia y que le hicieran lo que habían hecho con otras.

Podían secuestrar a mi padre que era un hombre de mucho dinero, o a alguno de mi familia, y luego pedir un rescate. A causa de esos temores es que seguí involucrada. Día a día se complicaba mi situación.

LAS CENIZAS DEL ABUSO SEXUAL

Mi único deseo era salir del satanismo. Fue entonces cuando me di cuenta que necesitaba que alguien me sacara de ese pozo, mas no sabía que era Jesús. Participar durante cuatro años en la secta satánica dejó huellas muy profundas en mi corazón.

Mientras estuve involucrada me obligaron a hacer dos abortos para Satanás. Las criaturas que nacían como resultado de las violaciones eran entregadas en sacrificio sobre el altar satánico. Como entre los integrantes de la secta había médicos, hicieron los arreglos necesarios para esperar a que mis embarazos tuvieran cuatro o cinco meses, para que el bebé fuese más grande. La razón de la espera era porque querían que el niño esté lo más formado posible. Esto era porque ese tipo de sacrificio es el nivel más alto que pueden ofrecer a Satanás.

Todos esos recuerdos venían a atormentar mi mente. Los psiquiatras no podían ayudarme. Esos abortos daban vueltas por mi mente. Hoy puedo comprender el sentimiento de culpabilidad que muchas mujeres sienten al haberse realizado abortos. Me sentía tan culpable, necesitaba ayuda, necesitaba salir de ese pozo profundo. Todo eso me llevó a pedirle a los líderes del satanismo que me permitiesen retirarme de la secta. Les pedí que pusieran la condición que deseaban pero que me dejaran ir.

En ese tiempo había conocido a Samuel, quien hoy es mi marido, y les comenté que quería comenzar un noviazgo con él. Entonces me dijeron que como yo no permitía tener relaciones sexuales con hombres o mujeres de color, entonces no servía para nada. Por lo tanto me dejarían salir. La condición que ellos ponían era que cuando tuviera mi primer hijo, sea niña ó varón, al cumplir un año de vida, me lo quitarían para ser sacrificado. Este era el precio que tendría que pagar para salir de en medio de ellos.

Luego de veinte años de estar casada con Samuel, puedo testimoniar que no han podido tocar a mi hija mayor. Hoy, ella es una joven que predica y sirve al Señor.

Al revivir en este relato de mi vida puedo destacar una reflexión: Cuando Dios nos escoge, podemos pasar por muchas trampas satánicas pero Él nos protegerá, nos cuidará, aunque aún no tengamos una relación directa con Él. Si hay alguien orando por nosotros, Dios escucha la oración de esa persona que está intercediendo. En mi caso fue la oración de mi hermana, ella oraba por mi salvación. Aunque no conozcamos a Dios, Él en su amor infinito nos cubre con su gracia y nos protege de toda maldad. Dios tenía un llamado para mí, hoy puedo asegurarlo.

¿Por qué yo, Señor? ¿Dónde estás, Dios?

Aunque me había apartado de ese mundo, estaba rodeada de amenazas sobre la vida de mi futuro bebé. Todo lo vivido, aquellas experiencias horrendas de dolor y temor estaban grabadas en mi mente. Me sentía perseguida y cargada de imágenes que me perturbaban. Quería escapar de todo lugar donde me encontraba pero como no podía hacerlo, me evadía en diferentes personalidades, a tal punto que ya no me conocía a mí misma. Así fui atando mi vida con opresiones y actividades demoníacas. Por momentos no sabía dónde estaba. En algunos segundos de lucidez entendía que había un Dios, entonces le preguntaba: "¿Por qué yo, Señor? ¿Por qué a mí?".

Hoy, tal vez usted, estimado lector, se esté cuestionando: "¿Por qué yo, Señor?". Cientos de mujeres alrededor del mundo pertenecen a esta forma de vida. Están casadas con un hombre con el que posiblemente no quieren estar. Viven en una casa que es un infierno, o sienten que ya no pueden más. Los recuerdos son su alimento. Los traumas emocionales por violaciones se proyectan en su mente como una película, y se preguntan: "¿Por qué yo, Señor? ¿Dónde estás, Dios?".

Debemos comprender que el amor de Jehová echa fuera el temor. Yo le temía a los hombres, no sabía que el poder de Dios podía rescatarme de esa situación. Por muchos años visité a los psiquiatras, fui a diez diferentes hospitales, y todos ellos coincidían en el diagnóstico: personalidad múltiple. Eso no tenía remedio. Querían medicarme con todo tipo de drogas, y sugerían internarme.

Frente a esa situación decidí buscar ayuda. Así fue que llegué a visitar a Nilo Mato, un pastor que mi hermana conocía. Mi hermana, que había entregado su vida al Señor, me había invitado para que oraran por mí, pero yo no quería ir. Cuando no pude más después de tantos años de drogas, quería salir de eso, necesitaba que alguien orara por mí. Fui parte de cosas tan feas dentro del satanismo, que necesitaba recibir ayuda. Todo esto sucedía en el año 1980.

Así fue que asistí a la iglesia bautista, el Señor entró en mi corazón, en mi mente, pero en verdad no le había entregado toda mi vida. No hubo una transformación, un cambio radical de vida.

Necesitamos cuatro amigos locos

> "Entró Jesús otra vez en Capernaum después de algunos días; y se oyó que estaba en casa. E inmediatamente se juntaron muchos, de manera que ya no cabían ni aun a la puerta; y les predicaba la palabra. Entonces vinieron a él unos trayendo un paralítico, que era cargado por cuatro. Y como no podían acercarse a él a causa de la multitud, descubrieron el techo de donde estaba, y haciendo una abertura, bajaron el lecho en que yacía el paralítico. Al ver Jesús la fe de ellos, dijo al paralítico: Hijo, tus pecados te son perdonados".
>
> —*Marcos 2:1-5*

El paralítico no podía trasladarse, su enfermedad se lo impedía, necesitaba cuatro amigos, cuatro personas que lo llevaran ante Jesús. Al ver los obstáculos, las cosas imposibles de la vida —en ese caso la gran cantidad de personas—, ellos tuvieron que abrir un hueco en el techo para poder bajar la camilla en la cual se encontraba el enfermo. El paralítico necesitó de alguien que lo ayudara porque solo no podía.

En alguna etapa de nuestra vida, todos necesitamos de las amistades, de personas que nos puedan ayudar. Amigos que tengan la lucidez necesaria como para brindarnos ayuda y una solución frente a una pared de obstáculos. Posiblemente la gente pensaba que estos cuatro estaban locos, por abrir un hueco en el techo para bajar a una persona en una camilla. Seguramente alguien tuvo que pagar por ese daño material. Sin embargo, esos amigos estaban dispuestos a hacer lo necesario, aun a pagar los gastos de esa rotura, pero esto no impediría que su amigo enfermo vea al Señor.

Debemos estar dispuestos a ser uno de esos cuatro amigos, y pagar el precio que sea necesario para rescatar a otro y llevarlo a Cristo. Yo necesité de esas personas. Dios usó a mi esposo, a mi hermana, y a los pastores con sus respectivas esposas, para rescatarme de ese hoyo.

Todo tiene un precio. Nos va a costar algo poder ayudar a alguien. Puede ser nuestro tiempo, nuestro dinero, puede ser nuestra fe. Pero hay un precio que pagar que está relacionado con la oración, la oración en intercesión. Ese es el precio que hay que pagar para ser un vaso que Dios pueda usar para llevar a alguien a la libertad.

Durante el proceso de restauración, necesitamos buscar del Señor. Debemos pasar por encima de los obstáculos que parecen imposibles de superar, debemos enfrentarlos. Si no tenemos la fe suficiente, debemos utilizar la fe de nuestros amigos, ellos nos ayudarán a llegar al punto exacto para recibir el milagro. Probablemente el pueblo creía que esos cuatro amigos estaban locos. Pero muchas veces es necesario que hagamos cosas que ante la vista de los demás no parezcan normales, para poder llegar a ese punto del milagro, a la esperanza que necesitamos.

El punto exacto de liberación lo hallaremos por medio de la restauración. Para restaurar todo lo que está quebrado, roto, el corazón necesita sentir el amor de Dios. Él utiliza a las amistades para ayudarnos a transitar el camino de la liberación. Ellas pueden ser vasos que Dios utiliza para la liberación. Tal vez algunos los crean locos, sin embargo, Dios los usa.

Mi hermana fue usada por Dios como un vaso. Ella me llevó a ver a un pastor para recibir liberación. Mientras algunos cristianos oraban por mí, en tan solo dos horas recibí liberación total de diez años de alcoholismo, drogas y pornografía. Recibí la sanidad interior y la restauración que necesitaba.

Estamos en Egipto y queremos salir

En mi corazón había como pequeñas flechas rotas, y para sacar esas flechas clavadas era necesario abrir un poco más la herida. Así están muchos corazones, que aún tienen incrustadas esas flechas rotas. Creen que no tienen problemas, que el proceso de restauración y reparación está completo, pero no es así. La flecha partida tapa el agujero, así se olvidan del problema, pero aún está la punta de la flecha dañando el corazón. A veces, para sacar esos recuerdos, esas memorias, hay que abrir un poco más la herida, y eso duele. Ese es el proceso de la restauración y liberación. A veces sucede en cuestión de horas, en ocasiones tarda días, y muchos aún sienten que están en ese proceso. Es a través del ayuno, la oración y de buscar el rostro de Dios, que se llega a la victoria completa.

La Biblia nos enseña que Jesús caminó por la tierra, y había muchos a su alrededor que estaban endemoniados. Pero todo el que buscaba a Jesús, quedaba libre. Debemos acercarnos a Jesús para buscar esa liberación, debemos desearlo. No podemos dar por hecho que seremos libres por que simplemente asistimos a una iglesia. Muchos creen que hay un templo en la esquina de su casa, recibirán la liberación. Debemos anhelar ser libres y descubrir que debemos reparar el techo que está roto.

Dentro del pueblo donde caminaba Jesús, muchos necesitaban liberación. Él podía haber liberado a todos sin que ellos se lo hubieran pedido, pero no sucedió así. Jesús hizo libre a quien se lo pedía o si alguien intercedía por ellos.

Dios tiene el poder para que un pueblo entero quede libre, así lo hizo con los israelitas cuando salieron de Egipto. Ellos fueron libres y sanos durante cuarenta años, entre ellos no hubo ningún enfermo. No necesitaron proveerse de ropa ni calzado, porque tanto sus prendas de vestir como sus zapatos se agrandaban a medida que el cuerpo crecía.

> "Y te acordarás de todo el camino por donde te ha traído Jehová tu Dios estos cuarenta años en el desierto, para afligirte, para probarte, para saber lo que había en tu corazón, si habías de guardar o no sus mandamientos".
>
> —*Deuteronomio 8:2-6*

A veces, el agobio de los problemas nos hacen sentir que estamos en Egipto y queremos salir. Muchas personas me preguntan: "¿Por qué me suceden estas cosas?". Entonces lo invito a leer este texto y le digo que debemos recordar de dónde nos sacó Dios.

Los israelitas estuvieron en el desierto durante cuarenta años, Dios quería probarlos para saber lo que había en su corazón. Él quería saber si guardarían o no Sus mandamientos. Dios permite las pruebas, las dificultades, para que ver lo que hay en nuestro corazón. El paso del pueblo de Israel por Egipto fue un proceso para conocerse más a sí mismos, y conocer el poder de Dios. A veces, la persona que necesita liberación pasa por esos procesos, esos desiertos, porque al salir de ellos, conocen el poder de Dios a otro nivel.

Recordar de dónde nos sacó Dios es de gran ayuda para obtener el concepto de poder y enseñar a otros cómo mantenerse libre.

Muchas veces los milagros de Dios pasan... y no los vemos

Muchos dicen: "Necesito que ministre liberación a tal persona". A lo que yo les respondo: "Si él no quiere ir, no lo podrá arrastrar, porque no querrá pagar el precio para ser libre y mantenerse así". Para alcanzar y mantener la liberación espiritual hay que pagar un precio, debemos hacernos cargo de un costo.

Los amigos del paralítico, y seguramente que él mismo,

debieron pagar un precio por la liberación, el costo de las roturas. Asimismo hubo un proceso de reparación, aunque muchas veces ese procedimiento puede durar años. Para los israelitas el proceso de reparación duró cuarenta años, sin embargo, hay personas que se impacientan porque deben esperar algunas semanas.

El primer paso para obtener la liberación de amigos y familiares, es procurar que ellos tengan el deseo de buscar de Dios. Es importante que usted comience a orar, para que la persona quiera buscar esa liberación.

Dios sostuvo a los israelitas con maná. Cada mañana Él enviaba desde el cielo el alimento. También podía haberlos alimentado directamente por medio del oxígeno a su sangre sin necesidad de que coman o busquen la comida, Pero como parte del milagro, esto no sucedió. Dios quería que ellos sean parte de ese momento por medio de una actividad: Recogerlo cada mañana. Aunque cada día el milagro se producía, ellos debían ser parte activa.

Los israelitas experimentaron tremendos milagros, como por ejemplo ver que ninguno de ellos se enfermaba, que la ropa ni los calzados se deterioraban, las mujeres daban a luz y no necesitaban ninguna medicina. Dios proveyó todo lo que necesitaban para sobrevivir cuarenta años en el desierto, sin embargo, se quejaron. Muchas veces los milagros de Dios pasan delante de nuestros ojos y no los vemos. El simple hecho de respirar sin ayuda de un instrumento artificial es un milagro, y sin embargo, muchos sufren de depresión.

Creo que es absolutamente cierto el hecho de que debemos aprender a darle el verdadero valor a la vida que Dios nos ha regalado. Debemos aprender a descubrir los verdaderos milagros que cada día experimentamos y no nos detenemos a agradecer. Ellos son los que nos permiten comprender el poder de Dios y como ser parte de este milagro.

Capítulo 3

Camino a la libertad

…para que abras sus ojos,
para que se conviertan de las tinieblas a la luz,
y de la potestad de Satanás a Dios;
para que reciban,
por la fe que es en mí,
perdón de pecados
y herencia entre los santificados.

—*Hechos 26:18*

Palabra de Dios para usted hoy

Ya no os llamaré siervos, porque el siervo no sabe lo que hace su señor; pero os he llamado amigos, porque todas las cosas que oí de mi Padre, os las he dado a conocer.

No me elegisteis vosotros a mí, sino que yo os elegí a vosotros, y os he puesto para que vayáis y llevéis fruto, y vuestro fruto permanezca; para que todo lo que pidiereis al Padre en mi nombre, él os lo dé.

Esto os mando: Que os améis unos a otros.

—*Juan 15:15-17*

3

Desde hace algunos años ministro a mujeres que han sido abusadas sexualmente. Cada uno de estos casos refleja el fiel testimonio de la reparación y restauración que Dios hizo en mi vida. Puedo compartir con ellas mi sanidad emocional a través de la ministración directa, ya que Dios sanó mi corazón de los recuerdos tristes y dolorosos.

Sin embargo, comprobé que aquellas mujeres que fueron violadas y abusadas sexualmente tuvieron luego problemas en su vida sexual. Al conversar con algunas de las que tuvieron esa mala experiencia, comprobé que no permitían que sus esposos las tocaran y eso hacía que su vida sexual sea profundamente afectada.

También encontré a muchos hombres que fueron violados en su niñez, y también fracasaron en una gran parte en su vida sexual dentro del matrimonio. En muchos de estos casos, tanto en hombres como mujeres, fueron abusados de niños por sus familiares más cercanos. En el caso de las mujeres, algunas de ellas fueron abusadas por su propio padre. Cuando crecen y son adultas no permiten ser tocadas por un hombre.

La sexualidad como un regalo de Dios

Hace un tiempo tuve que ministrar a una mujer a causa de todos los traumas producidos por las violaciones de varios hombres. Luego de recibir liberación, reparación y restauración de sus emociones, hoy tiene una vida sexual sana. Experimenta la satisfacción de tener un esposo como regalo de Dios, y una vida sexual plena.

En una oportunidad compartí mi testimonio frente a miles de personas. Cuando se hizo el llamado para orar por quienes habían sido abusadas o violadas a lo largo de su vida, más del cincuenta por ciento de las mujeres pasaron al frente. Un alto porcentaje de personas que fueron abusadas sexualmente o se vieron afectadas por un aborto, vieron reflejado su dolor en su vida sexual. Por esa razón necesitaban sanidad en esa área. Necesitaban entender la sexualidad como un regalo de Dios para el matrimonio.

LOS BLOQUEOS Y LAS ATADURAS

Hay personas que quieren buscar el rostro de Dios, pero no pueden, porque no entienden los bloqueos y las ataduras que las mantienen atada. Leen las promesas de Dios escritas en la Biblia, pero creen que esas hermosas palabras no son para ellas. Es como si la Biblia no fuera un compendio de cartas de amor de parte de Dios dirigidas a Sus hijos.

Miles personas viven escondidas detrás de paredes de decepción y mentiras con las que cubren su vida. No comprenden cuál es la razón por la cual viven de esa manera, atados, sin poder buscar el rostro de Dios ni conocer las promesas de las cuales son poseedores. Estas personas necesitan ser llevadas a la libertad, porque no han llegado hasta el punto de querer en verdad ser libres.

Algunos me dicen: “Tengo un familiar, o un ser querido que necesita liberación, pero no quiere ir a la iglesia, sigue en las drogas, en el alcoholismo. ¿Qué recomendación me puede dar, ya que usted ha pasado por situaciones similares?”.

Cualquiera le aconsejaría que simplemente ore. Pero yo quiero ir un poco más profundo al decirle que tiene que saber cómo orar, y solicitar al Señor que haga Su perfecta voluntad sobre esa vida. Luego, declarar y profetizar que esa persona caminará en los propósitos que Dios ha predestinado para él o ella. Debe ver a esa persona caminando en victoria, libre de las drogas y el alcohol. Pero ella debe anhelar querer ser libre, porque tal vez ni reconoce su problema. Es como el alcohólico que no cree estar enfermo ni necesitar ayuda.

Envuelta en una nube de religiosidad

Durante diez años, bebí vino o champagne casi todos los días. En ocasiones, mi desayuno era media botella de champagne. Luego de salir de mi trabajo bebía varios vasos de vino para quitar todos los pensamientos y preocupaciones laborales. Tenía todo lo que el mundo considera necesario para ser feliz: Estaba casada, tenía un marido que me amaba, hijos saludables, asistíamos a la iglesia. Había conocido a Cristo, lo había aceptado en mi corazón pero aun no vivía una vida en victoria.

Nada sabía acerca de la unción ni del Espíritu Santo, quien luego me ayudaría a llegar a esa libertad. No conocía las promesas de Cristo, estaba envuelta en una nube de religiosidad. Asistía a la iglesia porque mi esposo insistía en ello, pero en verdad no tenía deseos de hacerlo. Luego de un tiempo sentí necesidad de ser libre de esas adicciones. Decidí ser una cristiana que caminara en victoria. En aquel tiempo no sabía nada de liberación, pero entendía que era necesario tocar el manto de Cristo para ser libre. Necesitaba esa victoria en mi vida, necesitaba caminar como alguien que está lleno de felicidad.

Ciertamente en mi interior estaba destruida, triste, llena de culpa, de temor a que mi familia se entere de la doble vida que llevaba, temor a que mis amistades sepan que necesitaba el alcohol para sentirme bien, temor a que mi esposo se entere de que antes de llegar a mi hogar necesitaba beber unas cuantas copas de vino para sentirme relajada y así desempeñarme en los quehaceres domésticos. Mi vida dependía de alcohol.

En ese tiempo, también intentaba salir del vicio de la cocaína, pero tenía muchos contactos importantes que me la regalaban. En mi carrera laboral había llegado a ocupar la posición ejecutiva de mis sueños, había completado mi carrera con becas. Aunque me habían diagnosticado que nunca podría tener hijos debido a los abortos, Dios me regaló dos hermosos niños que los satanistas no pudieron quitarme luego de persecuciones y amenazas durante varios años. Este fue el precio que tuve que pagar, ellos me amenazaron hasta que entendieron que yo no hablaría. Aún hoy ellos siguen ejerciendo sus profesiones, algunos son médicos y otros abogados, en la Florida. Por esa razón siempre tuve temor de hablar. Cada vez que me invitaban a un programa de televisión para compartir mi testimonio me sentía presionada por el temor. Hace algunos años que ya no recibo intimidaciones de esta gente.

En esta etapa de mi vida me sentía bloqueada, estaba en un desierto en el que decía: "Por favor, vete Señor".

"SEÑOR, NO QUIERO QUE ESTÉS CERCA DE MÍ, VETE"

Muchas veces el corazón no quiere saber nada de Dios. Es tanto el rechazo recibido de parte de las amistades, los familiares que los maltrataron, o los padres que no estuvieron cuando hicieron falta o los abandonaron siendo niños. Recuerdos tristes de la niñez, que dejan marcas, heridas que a través de los años parecen curarse, pero quedan cicatrices.

Todas estas experiencias traumatizan de tal manera que muchos no quieren saber nada de Dios. Están tan heridos que creen que Dios mismo fue el causante de sus dolores. En ese momento, desde lo profundo de su corazón, la persona grita: "Señor, no quiero que estés cerca de mí, vete".

Cuando conoce al Señor, a su manera, sea que esté caminando en victoria o no, en esos momentos siente que no quiere saber nada de Dios. Hace algún tiempo hablé con una muchacha que de niña fue lesbiana. Me reuní con ella para ministrarle liberación para que pudiera alcanzar su libertad en Cristo. Luego de aconsejarla, orar y ayunar por ella, dejó las drogas y el alcohol. Abandonó la búsqueda del amor en manos de otra mujer. Llegó a un punto de intensa búsqueda de Dios, que la hizo libre.

Luego de esa experiencia, ella caminó varios años en victoria total. Era poseedora de una unción grande sobre su vida, alcanzó un alto nivel de madurez espiritual, y el Señor depositó grandes dones en ella. Dios la había sanado de muchas heridas, pero en lo profundo de su corazón, aun no se había perdonado a sí misma. Se sentía culpable de ser un vaso usado por Dios, y al mismo tiempo sentir que el diablo cada tanto la acusaba, trayendo a su mente recuerdos del pasado. Esto llevó a que ella dude de su libertad espiritual. No compartía con nadie sus preocupaciones y batallas mentales, a causa del orgullo.

Al ver que Dios la estaba usando, el orgullo se infiltró a un nivel peligroso. Tanto que el enemigo lo utilizó en su contra. Cuando la persona se siente un vaso especial para Dios por los dones que recibió de Él, nace el orgullo espiritual. Cuando se llega a cierto nivel de espiritualidad es fácil caer en la trampa del orgullo, que es la puerta de ingreso que usa el enemigo.

Luego de un tiempo de lucha, esta mujer fue llevada a la libertad después de lidiar y tratar mucho con las emociones. Comprendía lo que ella sentía por mi experiencia personal, al haber transitado un estilo de vida parecido, aunque no fui lesbiana, sí tuve temores y culpabilidad.

El orgullo llenó su vida y corazón de raíces de amargura. Poco a poco esas raíces crecieron y ganaron terreno. Ella dejó de comunicarse conmigo y con el ministerio que dirijo, y comenzó a excusarse. Sentí su rechazo, y pensé que era algo personal. En pocos meses perdí contacto con ella porque se había mudado a otra ciudad.

Hace poco tiempo me llamó por teléfono para decirme que había caído en una trampa peor que la anterior. Me contó que había comprado una casa y que no necesitaba del Señor. Mi corazón se llenó de tristeza. Recordé cómo Dios la había usado para ayudar a tantos, enseñándoles el camino hacia la libertad y sanando al quebrantado.

Por no hablar y compartir lo que había en su interior, cuando las cosas se pusieron difíciles, las raíces de amargura se convirtieron en un pequeño arbusto dentro de su corazón. Finalmente perdió el hambre por las cosas de Dios. Cayó en una trampa profunda de decepción y mentira.

El resultado de nuestro testimonio

Hoy hay muchos cristianos que son ovejas heridas por ministerios, por pastores, por iglesias, por familiares. A esas personas quisiera ministrarlas a través de estas palabras. Dios utiliza de forma especial a aquellos que han atravesado situaciones similares para ministrar.

Hace algunos años, un hombre me preguntó:

—¿Cuánto tiempo hace que no consume drogas?

Comencé a contarle mi testimonio, no para responder a su pregunta, sino para invitarlo á conocer a Cristo. Esa sería una buena oportunidad para llevarlo a los pies de Señor.

—Lo que quiero saber es: ¿Cuánto tiempo hace que usted no consume drogas o alcohol? ¿Cinco años, diez años?, —interrumpió.

—Hace trece años que no bebo alcohol ni consumo drogas. Ya no necesito hacerlo para sentirme plena en mi mente, en mi cuerpo, y relajarme, —fue mi respuesta.

—Si usted pudo trece años, yo podré trece días. Llevo unas semanas sin beber y lo único que quería saber era cuánto tiempo hace que usted no vuelve a los vicios. Si me hubiera dicho que hacía un mes, entonces hubiera pensado que su testimonio no era valido. Pero ahora, viendo lo que Dios hizo en su vida, comprendo que lo puede hacer conmigo, —respondió esperanzado.

Esa tarde aprendí una lección importante: "Los cristianos que fueron libres del alcoholismo, de las drogas, de adicciones, tienen que entender que la palabra de su testimonio es fundamental". No me opongo a que un cristiano beba una copa de vino, o si lo hace al brindar en un festejo, pero deseo resaltar la importancia que la palabra de nuestro testimonio tiene. Decirle cara a cara a una persona: "Hace tantos años que no pruebo el alcohol, o las drogas", es el resultado de nuestro testimonio.

> "Y ellos le han vencido por medio de la sangre del Cordero y de la palabra del testimonio de ellos".
>
> —*Apocalipsis 12:11*

La Biblia manifiesta el poder de la sangre de Cristo, pero también el poder de nuestro testimonio. En muchas ocasiones, el mal testimonio que refleja una persona daña a quienes lo rodean.

En una oportunidad fui a cenar con varios pastores. Para acompañar la comida ellos pidieron una botella de vino. A dos mesas de la nuestra cenaba un matrimonio que había asistido a la reunión donde yo había compartido mi testimonio. Me sentí muy incómoda por la situación, la copa estaba muy cerca de mí, no tenía más que estirar la mano y beberla, entonces podría caer en el engaño que por tantos años había vivido. En ese instante sentí cierta culpabilidad, y me di cuenta que era porque la tentación estaba muy cerca.

Si siente que ese bloqueo está afectándole, si el enemigo puso ese pensamiento, esa tentación de si debe o no beber alcohol, es el momento de recordar el poder de la palabra del testimonio. Esa copa abriría el deseo para luego continuar, y finalmente perder el control hasta caer en la trampa. Esto sucedió con la mujer que mencioné en el relato anterior.

INFILTRADOS ENVUELTOS EN EL SATANISMO

Todos tenemos algún nivel de influencia sobre otras personas, y debemos tomarlo muy seriamente cuando buscamos la intimidad con Dios. Ciertamente podemos influir a otros a tener ese apetito por buscar el rostro del Señor. Es como si esa hambre fuera contagiosa.

El que tiene hambre, busca la comida, y hará lo necesario para hallar su alimento. De la misma manera sucede en el mundo espiritual. Pero a veces hay cosas que afectan nuestro testimonio, y estas pueden reflejar diferentes niveles de ataduras, de opresión demoníaca, decisiones del pasado que han dejado huellas en nuestra vida.

Yo no comprendía el verdadero poder del testimonio. No llegaba a dimensionar qué tan poderoso es lo que dice la Biblia al respecto: peleamos con la sangre de Cristo y también con el poder de nuestro testimonio.

Decidí sujetarme a mi esposo, quien me había recomendado que fuera maestra de escuela dominical cuando aun yo estaba comprometida en cosas demoníacas. Aún mi vida no estaba totalmente entregada al Señor. Todo esto sucedió mientras me encontraba en un proceso hacia la libertad durante esos siete años en que buscaba de Dios.

Fue así que me ofrecieron un puesto de maestra de escuela dominical, en la clase de niños de dos a cuatro años. Acepté y trabajé allí por casi dos años. Sin embargo, estaba tan confundida y oprimida a causa de mis problemas de personalidades múltiples, que por momentos enseñaba las cosas de Dios, pero en ocasiones los demonios jugaban con mi mente y mi vida. Ellos me influían para que les enseñe a mis alumnos cosas satánicas. Los niños no se daban cuenta porque lo hacía a través de métodos que había aprendido en el satanismo. En cierta manera estaba infiltrada en la iglesia en un nivel peligroso.

En esas ocasiones venían a mi mente los recuerdos de mi época en el satanismo y cómo ellos me enviaban a infiltrarme en iglesias para llevar destrucción. En muchas ocasiones —y esto es muy triste decirlo—, ni los líderes ni los pastores reconocían a los que están envueltos en el ocultismo, y se infiltraban en sus congregaciones para llevar confusión y enseñanzas incorrectas, aun entre los niños.

Luego entendí que había áreas de mi vida que estaban trabajando a través de las personalidades múltiples. Estaba convencida que quería salir de esa vieja vida, y creí que comprometiéndome en el trabajo y servicio de la iglesia y buscando las cosas espirituales encontraría esa libertad. Pero lo que no sabía era que debía buscar al Libertador.

El enemigo estaba tratando de desencantarme, me hacía sentir rechazada por el cuerpo de Cristo. No sentía que estaba conectada con el resto del cuerpo. Esos cristianos eran tan religiosos en su estilo de adorar al Señor, y yo tenía el apetito de algo espiritual. Pero quería algo más.

Algunas congregaciones, en especial en los Estados Unidos, ofrecen puestos vacantes para maestros de escuela dominical. Muchos consideran que trabajar con niños es perder el tiempo, que no es un trabajo importante. Pero justamente, esta es la oportunidad en la que se infiltran personas envueltas en el satanismo, en el ocultismo. Es difícil para mí contar esta parte de mi pasado, pero quiero que los líderes religiosos abran sus ojos ante esta realidad.

Es importante tener el don de discernimiento para detectar qué tipo de personas son las que están a nuestro lado y ocupan cargos de liderazgo. Esto se reconoce por los frutos. Quienes están en esta situación no tienen hambre de Dios, porque se encuentran bajo la influencia de ciertas maldiciones generacionales.

LAS MALDICIONES DESCONOCIDAS DEBEN SER ROTAS

Hay personas que aceptaron a Cristo, leen la Biblia, asisten a la iglesia y reciben la consejería pastoral, pero no entienden nada acerca de las maldiciones que están sobre ellas por generaciones.

Este tipo de maldición hace que la persona no tenga apetito por las cosas del Señor, de pelear la batalla, de apoderarse de las promesas de Dios. La maldición no permite ver la necesidad en el corazón. Si la persona no conoce la diferencia entre el deseo y la intención del corazón, eso la lleva a tener la intención de servir a Dios, pero en lo profundo del corazón no se encuentra el deseo de hacerlo.

Esta diferencia la encontramos en la vida de Moisés. Él tenía el deseo de buscar la gloria de Dios cuando salió de Egipto y caminaba por el desierto. Sin embargo, los israelitas tenían el deseo de buscar algo más allá de donde habían salido, pero no buscaban a Dios directamente. Tenían la buena intención pero sus deseos aún estaban contaminados porque querían mirar atrás, a las cosas de Egipto.

Esa fue la razón por la que muchas veces se quejaron cuando la situación se ponía difícil y recordaban las comodidades de Egipto, olvidando que fueron libres de la esclavitud.

> "Y toda la congregación de los hijos de Israel murmuró contra Moisés y Aarón en el desierto; y les decían los hijos de Israel: Ojalá hubiéramos muerto por mano de Jehová en la tierra de Egipto, cuando nos sentábamos a las ollas de carne, cuando comíamos pan hasta saciarnos; pues nos habéis sacado a este desierto para matar de hambre a toda esta multitud".
>
> —*Éxodo 16:2-3*

Cuando la situación aprieta muchos comienzan a quejarse y a preguntar: "¿Por qué, Dios? ¿Por qué?". Pero al quebrantar las maldiciones ven su propio corazón, y determinan si hay maldiciones en su vida que necesitan ser rotas. El proceso para limpiar esos deseos del corazón es el arrepentimiento.

Dios quiere concedernos los deseos del corazón. Muchas personas no lo reciben porque no entienden que la expresión de su corazón no son deseos sino intenciones. Esta es el área donde el enemigo ataca. Nos cuesta comprender que esos deseos están contaminados con las cosas del mundo, como por ejemplo las comodidades del materialismo, que no queremos dejar para pagar el precio de servir a Dios. No estoy hablando de sacrificio sino de obediencia. Una obediencia instantánea que surge en el momento en que Dios nos manda a hacer algo, sin usar esos niveles de lógica tan altos.

Hay personas que para tomar una decisión analizan mucho la situación. Dios les habla a través de un sermón, pero analizan con tanta profundidad lo que Dios quiso decir que no pueden obedecer. No pueden creer con simpleza la palabra que fue dicha. En algunos casos son maldiciones demoníacas, pero en otros es la persona la que no tiene la suficiente confianza en Dios.

Cuando se tiene un nivel de comprensión y conocimiento de las promesas de Dios, entonces confiará en Jehová y en lo que el Espíritu Santo habló a su corazón. No importa cuán elevado sea su nivel de su fe. Sin duda, usted se movilizará en obediencia. Lo que afecta su obediencia no es la fe sino el razonamiento humano.

Conozco varias personas que tienen un nivel de razonamiento y lógica muy altos. Se creen autosuficientes, con capacidad para tomar decisiones. Esta autosuficiencia puede llevarlas a un alto grado de independencia de muchas cosas, entre ellas de las de Dios.

Hay personas que viven en maldiciones desconocidas, no

saben como romper ese círculo, y están girando sin poder salir. Es la misma imagen de un hámster girando en una rueda dentro de la jaula sin poder ir a ningún lado.

Tomar autoridad

Cuando la persona reconoce que está en problemas, y busca del Señor, recibe la confirmación de Su parte. Ya sea por una cita divina, a través de una persona con una palabra de luz y esperanza, o por una voz profética. Esta confirmación puede provenir de distintas fuentes usadas por Dios. En ocasiones, esa palabra es una orden para dejar el entorno que frecuenta, ya que ese es el origen del problema.

En el Antiguo Testamento encontramos varias batallas que libraron los siervos de Jehová de las cuales podemos aprender las técnicas y estrategias. También hay muchos libros de guerra espiritual que nos explican cómo conocer los métodos del ocultismo, sus maldiciones, y la manera de romper con ellos.

Pero lo importante es saber que esto es tan sencillo como buscar a Jehová en verdad, y orar a Dios para que rompa esas maldiciones familiares. Tomar la autoridad que nos da en su Palabra, y aferrarnos a esa posición como hijos del Rey, para ir contra el enemigo y romper las maldiciones.

Durante una cruzada con el evangelista Carlos Annacondia, en el momento de romper maldiciones sobre las personas presentes, sentí la liberación de las maldiciones del pasado.

Para esta parte del libro decidí escribir una oración especial para que usted pueda repetirla así como yo lo hice en aquella reunión. Acostumbro a hacerla para romper las maldiciones generacionales. Si usted ha descubierto que sobre su vida pesan maldiciones declaradas por pecados o pactos realizados por sus antepasados, esta oración lo ayudará en el proceso de liberación:

"Padre, en el nombre de nuestro Señor Jesucristo, con la autoridad que nos ha sido dada, me paro en la brecha y ato todo hombre fuerte, todo espíritu familiar que quiso operar a través de las generaciones. Quito de su dominio todo terreno que le haya sido dado por mis antepasados. Ato todo principado, todo hombre fuerte que quiere operar a través de las maldiciones generacionales, en el nombre de Cristo Jesús. Pido perdón por todo familiar que le haya dado autoridad para constituir esta maldición. Todo pecado o pacto que haya sido hecho a través de brujerías y que haya permitido tomar autoridad para actuar y traer maldición a través de la descendencia familiar por las diferentes generaciones. Rompo toda maldición declarada sobre mis descendientes hasta la undécima y duodécima generación. Quiebro toda declaración que haya traído destrucción y enfermedad a la línea generacional. Desato bendiciones sobre toda mi familia y descendencia. Declaro que ningún espíritu generacional funcionará en nuestra vida. Aplico la sangre de Cristo Jesús a mi hogar y familia, a todo lo que Tú nos has dado en el mundo físico y espiritual. No permito que el enemigo funcione por medio de estas maldiciones generacionales. Declaro que los espíritus familiares y demonios con asignaciones satánicas hacia mi familia ya no tiene poder y deben irse. Declaro victoria sobre la vida de mi familia y mis descendientes. Ellos verán la gloria y las bendiciones de Dios sobre su vida. A ti, Cristo, te doy toda la gloria y honra por lo que hiciste y por lo que harás. Amén."

Zona de descanso, ¿listo para continuar?

Muchas personas llegan a un punto en que no quieren avanzar. Pierden el apetito y el deseo de buscar más de

Dios, o de hallar el propósito en su vida según Dios lo ha planeado. Es así que deciden quedarse en esa zona de su vida en la que están cómodos, y por temor o por traumas que tuvieron en su niñez, no quieren seguir avanzando en el camino que Dios planificó.

Algunas personas se encuentran tan cómodas, que se enfrían poco a poco, y no quieren demostrar los frutos. Cuando estos se evidencian y crecen no quieren exponerlos porque no desean salir de su área de comodidad. Se enfocan en sí mismos, todo gira a su alrededor y debe suceder de acuerdo a lo que ellos desean. Se convierten en egoístas y creen que pueden regir su propio destino.

Debemos entregar a Dios nuestra agenda, nuestros planes, nuestro destino, para salir de ese hoyo de comodidad. Eso demanda un esfuerzo. Cuando comenzamos a caminar, Dios nos respalda. No podemos quedarnos de brazos cruzados. Hay muchas personas que anhelan más del Señor.

Cuando el pueblo de Israel salió de Egipto, tuvo que caminar hasta llegar al mar. Cuando lo tuvieron frente a ellos, Moisés tomó una decisión, se puso en acción y confió en el Señor. Entonces Dios lo respaldó abriendo el mar para que el pueblo cruzara. Israel no permaneció en Egipto esperando un sistema de transporte que sea cómodo.

Muchas personas no alcanzan su liberación completa ni viven en victoria, porque se sienten muy cómodos. No pueden llegar a conocer el fuego consumidor del Espíritu Santo.

Su gloria como lluvia fresca

Algunos me dicen: "Nunca tuve una experiencia con el Espíritu Santo. Esa unción tangible, Su calor. No sé por qué no he llegado a ese punto. Es como si mi vida estuviera trabada, como si no hubiera sido transformado, si no fuera una nueva criatura". Entonces les pregunto: "¿Cuándo fue la última vez que el Señor le mandó a hacer algo? ¿Cuándo fue la última vez que le dio una orden, ya sea a través de un siervo, o de un mensaje? ¿La obedeció?" Tal vez oyó la voz de Dios pero no quiso obedecer, esa decisión manifestó una traba. Usted acomodó en su propia agenda, y no tuvo en cuenta la agenda de Dios para seguir adelante.

Si toma la decisión de buscar más de Dios, de leer más sobre cómo invitar al Espíritu Santo a venir a su lado, en el momento en que menos lo espera sentirá el fuego del Señor. Quienes no conocen esa transformación en su vida es porque no entienden el fuego santo.

La transformación de vida será el resultado de conocer el fuego santo.

Conocí el fuego santo de Dios durante una cruzada del evangelista Carlos Annacondia. Sentí el fuego en mi interior con un calor tangible que quemaba muchas cosas de mi vida. Al caer bajo ese poder y levantarme nuevamente, me sentí una nueva criatura con una liberación completa, ese fue el resultado. Allí comenzó el proceso de transformación de mi vida.

Hay personas que no tuvieron la experiencia de caer al suelo bajo el poder de Dios, o no sintieron en forma tangible el fuego del Espíritu Santo, sin embargo, sus vidas fueron transformadas por el poder del Espíritu Santo. Eso fue el comienzo, ellos necesitan saber que hay mucho más. Hay más experiencias que Dios quiere darles, como conocer ese avivamiento, esa hambre que trae el fuego santo del Señor. Es refrescante sentir el fuego santo, y luego sentir Su gloria como lluvia fresca. Esto fue lo que me sucedió en la cruzada de Carlos Annacondia. Luego que caer al suelo, el siervo me dio una palabra profética con respecto a un ministerio de liberación, y me levanté con una nueva visión.

Sabía que Su gloria me había tocado, pero también entendí que mi vida tenía un propósito. Ahora era una hija del destino, una mujer de propósito, y sabía que Dios me usaría.

Definitivamente, el fuego santo fue tan real sobre mi vida que desapareció todo el deseo de drogas, de alcohol y de pornografía.

DEL ALTAR SATÁNICO AL ALTAR DE DIOS

Existen algunas cosas nos bloquean y no nos permiten entender el propósito de nuestra vida, nos impiden alcanzar una vida de oración, y comprender la sanidad divina que Dios tiene para nosotros. No tenemos deseos de orar y acorazarnos con el escudo de la oración, y así pagar el precio de la unción sobre nuestra vida.

Otro de los factores que impiden alcanzar la libertad y propósito para nuestra vida es la falta de perdón. Pero en el altar de Dios hay arrepentimiento y perdón. Si visitamos ese altar con arrepentimiento sobre nuestro pasado, sentiremos liberación total. El enemigo no tendrá terreno sobre nuestro corazón. La falta de perdón le otorga territorio al enemigo.

Hay personas que no sienten deseos de perdonar, pero al visitar el altar de arrepentimiento, ya sea en una reunión en su iglesia o en la habitación de su casa, Dios comienza la transformación de su vida.

EL ENEMIGO SACARÁ ESA MOMIA DE SU SARCÓFAGO

Muchos visitan el altar opuesto, el de Satanás, el altar del temor y el materialismo. Dios me permitió pasar por la experiencia de conocer los diferentes altares, y saber que en el altar del enemigo siempre hay temor. Pero en el altar de Jehová siempre hay perdón.

Sabemos que el perdón no es una decisión sencilla. La Biblia dice al respecto lo siguiente:

> "Pero a vosotros los que oís, os digo: Amad a

> vuestros enemigos, haced bien a los que os aborrecen; bendecid a los que os maldicen, y orad por los que os calumnian".
>
> —*Lucas 6:27-28*

> "Mirad bien, no sea que alguno deje de alcanzar la gracia de Dios; que brotando alguna raíz de amargura, os estorbe, y por ella muchos sean contaminados".
>
> —*Hebreos 12:15*

Es difícil perdonar cuando no se tiene ese deseo en el corazón, pero Dios nos da su Palabra para aprender cómo hacerlo. La persona es quien debe tomar esa decisión por propia voluntad y decir: "Quiero perdonar".

Muchas veces Dios nos revela situaciones, momentos en los que alguien nos hizo daño, nos hirió profundamente y en verdad no queremos perdonarlo. Como un castigo a ese recuerdo decidimos olvidarnos de esa persona y la convertimos en una momia, para luego esconderla.

Pero en el momento menos esperado, el enemigo sacará esa momia de su sarcófago y bailará con ella delante de nosotros, y así nos hará recordarla.

Algunos de los ejemplos más comunes son los viejos romances de novios o novias que fracasaron. También aquellas personas con las que mantuvieron una relación de adulterio, pero que supuestamente quedó en el olvido.

A través de los años ese recuerdo fue un secreto de familia, pero en el momento menos oportuno ese secreto se escapó de su escondite y salió a la luz para causar problemas y división. El conflicto posterior al archivo de ese recuerdo es la falta de perdón. Todos tenemos esqueletos escondidos en el clóset. Pero para poder alcanzar la libertad debemos realizar una limpieza de nuestros viejos placares y así descubriremos el poder del perdón. Al hacerlo podremos acceder al altar de Dios y ser libres de todo el pasado que nos ataba.

Quienes estuvieron profundamente involucrados en altares de materialismo, altares satánicos, creen que nunca terminarán de desvincularse de ellos. Sin embargo, Dios nos da la esperanza de libertad a través del perdón, aun cuando la persona a quien debemos perdonar esté muerta.

Llegar al altar del perdón de Dios

En mi caso, no volví a ver a todas las personas que me hicieron tanto mal cuando estuve involucrada con el satanismo. Años más tarde tuve que perdonarlos por las violaciones y el daño recibido. Pero si Dios pudo hacerlo conmigo, también lo hará con cualquiera que lo necesite.

> "Por tanto, si traes tu ofrenda al altar, y allí te acuerdas de que tu hermano tiene algo contra ti, deja allí tu ofrenda delante del altar, y anda, reconcíliate primero con tu hermano, y entonces ven y presenta tu ofrenda".
>
> —*Mateo 5:23-24*

> "Así también mi Padre celestial hará con vosotros si no perdonáis de todo corazón cada uno a su hermano sus ofensas".
>
> —*Mateo 18:35*

Ahora que comprendemos que el perdón trae libertad debemos dar un paso más allá y aceptar que es importante perdonarnos a nosotros mismos del mismo modo que a los demás. El dolor de reconocer el error cometido por la práctica de abortos o adulterios, necesita ser perdonado.

Adulterio espiritual impide el perdón

Existe un adulterio espiritual que es el de confiar en otro ser humano para satisfacer sus necesidades, hasta involucrarse emocionalmente con esa persona, al punto de correr de su lugar al cónyuge por un amigo, aunque simplemente sea una relación espiritual. Estos son dardos que también utiliza el enemigo. Por ejemplo, la conversación íntima produce mayor intimidad, que no tiene que ser sexual. Este tipo de adulterio espiritual puede conducir a un enredo emocional.

Cuando los compañeros de oración del sexo opuesto comienzan a compartir momentos de oración juntos y a solas, están alimentando el adulterio espiritual. Finalmente, si continúa en esta relación, aunque su cónyuge lo sepa, usted puede perder el amor por la presencia de Dios. Estas relaciones pueden impedir el perdón de Dios porque es una traba fuera de todo equilibrio.

Comenzando por el perdón a sí misma

También existen otros casos en los que luego de haberse perdonado a sí mismos, no pueden perdonar a Dios. Se enojan con Él y no sienten Su perdón, porque no llegaron a entender quién es Jehová para su vida.

En cierta manera han puesto a Dios en un altar equivocado. Acusan a Jehová por lo ocurrido en su vida. Esta es una imagen frecuente en consejería cuando ministro a padres que perdieron a su hijo. Si son cristianos, no entienden por qué Dios les hace sufrir de esa manera, permitiendo que muera el regalo que Él les había dado. Se enojan con Dios, ya sea por una muerte o por un diagnóstico médico, y se cuestionan el por qué Dios permitió que eso sucediese. Entonces se preguntan quién es Jehová, y qué significa Él en su vida.

En esos casos, los guío a perdonarse por haber juzgado quien es Dios, y por haberlo acusado de ser Él quién trajo enfermedad a la vida de su hijo. La persona debe llegar al altar del perdón de Dios, comenzando por el perdón a sí misma, a sus familiares, y hasta la situación que ha vivido. Esto es parte del proceso sanador de Dios.

Otro de los casos más comunes es el de aquellas personas que no pueden perdonar a su padre terrenal por hechos sucedidos en el pasado. Esto afecta directamente la relación con el Padre Celestial. Por esta causa muchos no alcanzan el altar del perdón. Al indagar sobre cómo ellos ven al Dios Padre, su respuesta demuestra que no ven a Dios como 'Padre' sino como alguien distante. No pueden captar el amor de Jehová sobre su vida porque lo sienten lejano.

Por lo tanto, es necesario perdonar al padre carnal, porque esa relación estuvo rota, ya sea por un abandono físico, emocional, por algún trauma, o por falta de amor. Por esa razón no logra comprender el amor de un padre carnal.

En el caso de algunas muchachas, eso deriva en la prostitución. Caen en los brazos de un hombre buscando ese amor, y no entienden que la raíz del problema es la falta de perdón. No importa cuán profundo se ha estado y por qué tipo de altares se ha pasado, Dios es superior a todo error y Él es quien da libertad.

Fui parte del altar satánico por cuatro años. Eran altares de temor, pero Dios me rescató. Cuando entra el temor de Jehová a tu vida, se va el temor al hombre.

El púlpito del Señor

Al rescatarme, pude comprender que Dios tenía un plan para mi vida y así fue. Dios me sacó del altar satánico y me llevó a Su púlpito. Allí me mostró parte del destino de mi vida. Al salir de esas trampas del satanismo, comencé a transitar el camino del perdón y la liberación completa.

Entonces comprendí que Dios tenía un llamado y un propósito específico para mi futuro.

En mi interior sentí anhelos por estar detrás de un púlpito y predicar, pero no estaba capacitada para hacerlo. Cuando la unción vino sobre mi vida, tomé ese lugar con el temor de Jehová. Luego llegó el respaldo y la gloria de Dios sobre mi vida.

Todos tenemos un llamado de Dios a servirle, pero no todos fuimos llamados a una plataforma a predicar detrás de un púlpito. Todos fuimos llamados a ministrar al necesitado, a llevar las buenas nuevas del Señor al pueblo, de extender la gran comisión que nos encomendó nuestro Señor Jesucristo: "Id por todo el mundo y predicad el evangelio a toda criatura. El que creyere y fuere bautizado, será salvo; mas el que no creyere, será condenado" (Marcos 16:15).

Cuando Dios escoge a una persona para ocupar un lugar en el púlpito, muchas veces encuentra dificultades. En algunos casos, hay pastores que no permiten que una mujer predique detrás del púlpito. En mi caso, asistía a una iglesia tradicional bautista, y yo misma no creía que sería una predicadora porque no sentía el llamado directo de Dios. Pero un día Él me dijo: "Necesito usarte".

El Señor le había hablado muchas veces a mi pastor para que me invitara al púlpito a compartir lo que sentía en mi corazón. Al acceder, me invitaron a relatar mi testimonio, luego de esa oportunidad, varios pastores me invitaron a sus congregaciones para contar lo que Dios hizo en mi vida.

Un día, Julio Landa, pastor de una Iglesia de la ciudad de Miami, me invitó a dar mi testimonio, predicar y ministrar a la congregación. La primera vez que prediqué sentí gran temor. Ese era el temor de Jehová, y yo pedía: "Señor, dame palabra para este pueblo. Haz que puedan oír tu voz". Dios me dijo que me enviaría a muchos púlpitos a través del mundo para llevar esperanza a tantos corazones heridos. Entonces le pregunté: "Señor, ¿Cómo lo haré si no tengo la preparación adecuada para enfrentar esto?". Él me respondió que lo único que necesitaba era un vaso dispuesto, más que un vaso entrenado y que Él me daría la preparación necesaria. Y así fue.

"PÚLPITOS INVISIBLES"

Debemos aprender que hay que pagar el precio por tomar esa tarea, es el llamado de Dios. Se debe tomar tan seriamente como para saber que estamos dispuestos a hacer lo que Él diga, y perdonar a quien sea necesario para sentirnos limpios. Sentir que caminamos en integridad, para que Dios pueda usarnos en el ministerio.

Muchas veces el púlpito no es el altar de un templo. Conozco a muchos que predican en la esquina de una calle, en una sala, y fueron llamados a prepararse, porque Dios tiene un púlpito en un templo para ellos, pero posiblemente no han llegado a esa instancia todavía. No podemos tomar esto como algo insignificante, porque Dios nos ha llamado a predicar de uno en uno.

Tal vez Dios no nos llame a un ministerio público sino a servirle entregando nuestro propio tiempo, nuestros momentos de descanso. Allí es donde Dios nos observa si caminamos en integridad. Esos lugares donde la gente no nos ve, solamente Dios y la persona a la que estamos predicando. No tenemos público que apruebe lo que decimos, o nos felicite por haber preparado tan bien ese sermón. Solamente Dios, usted, y la persona que Él puso frente a usted. Puede suceder en una estación de tren, en una parada de autobús, o en la casa de un amigo. Sin embargo, son momentos especiales, porque implican una conexión divina en la que llegamos a tener una hermosa comunión con el Espíritu Santo. Así nace un deseo por buscar más profundamente esa intimidad cuando estamos ministrando y somos vasos usados por Dios. En esos momentos no tendremos las interrupciones propias de un auditorio lleno de personas, no necesitaremos tener cuidado de tocar Su gloria ni cuidar la manera de expresarnos, para que esto no sea alimento a nuestro ego.

Por esa razón el Señor permite momentos en nuestra vida en los que debemos ministrar a un compañero de trabajo o a una prostituta. Eso es lo que yo llamo "púlpitos invisibles". Es el lugar donde la persona puede llevar esa luz que resplandece a lugares oscuros. Posiblemente sea el lugar de trabajo, donde hay un grupo de personas que viven en completa oscuridad, adictas al materialismo, y que sienten que nunca podrán caminar delante de Dios.

El precio a pagar es una decisión que usted debe tomar. Dios pone el deseo, y a veces también la visión, pero usted debe tomar la decisión. Cuando lo haga, entonces vendrá el respaldo de Dios. En cierta manera estas son pruebas de obediencia, para luego entregarle una plataforma visible o invisible. Si desea el respaldo de Dios en su ministerio, deberá entender que junto con esa plataforma hay que tener un nivel de obediencia e integridad.

La importancia de la obediencia inmediata

Hay quienes no reciben bendiciones, porque no tienen una respuesta de obediencia inmediata a Dios. Buscan la lógica a todo, analizan cada cosa e intentan desmenuzarla como a una rana de experimento.

Mientras estudio y analizo el pedido de Dios a mi vida, el tiempo de reacción es más lento. La demora entre el momento en que Dios da la orden, y el que la persona actúa, a veces son minutos, horas, semanas, pero siempre el tiempo de respuesta en obediencia depende del nivel de razonamiento que tengamos.

Si intentamos analizar el por qué Dios hizo esto o aquello y por qué debemos pasar por esta prueba, el nivel de razonamiento será tan alto que nos impedirá entender el propósito por lo cual Dios quiere que hagamos algo.

Supongamos que el Señor le dice: "Quiero que desciendas de la plataforma, y ores por la persona que está sentada en la segunda fila, y le entregues cierta cantidad de dinero". Esta orden de parte de Dios puede ser cuestionada y analizada por usted de tal manera que al pasar el tiempo puede perder esa bendición.

En una oportunidad asistí a una cruzada en la ciudad de Phoenix, Arizona. Había casi veinte mil personas en ese lugar. Entre ellas se encontraba una señora sentada en un lugar bien alto, y desde allí observaba a otras dos mujeres que se encontraban en el centro del auditorio. Una de esas dos mujeres estaba postrada en una silla de ruedas, y la otra la ayudaba a movilizarse. La persona en la silla de ruedas tenía un vestido amarillo y su acompañante, un vestido rosado.

Me acerqué a conversar con estas dos mujeres en el centro del auditorio, y mientras les relataba mi testimonio les explicaba lo siguiente: "Cuando se vive en obediencia, esta debe ser inmediata porque Dios quiere bendecirnos. En el mundo espiritual eso equivale a abrir las puertas y ventanas de los cielos para que caiga la bendición. Dios puede resolver nuestro problema, ya sea una sanidad o una necesidad de toque divino". Mientras ministraba a estas dos mujeres, la que tenía el vestido rosado me dijo: "Tú no entiendes, es que tenemos una necesidad financiera tan grande, que no sabemos qué hacer. Necesitamos tres mil dólares, porque no tenemos para pagar la renta ni la comida, y lo necesitamos en forma inmediata. Además del milagro financiero, yo necesito un milagro de sanidad física. Traté de ser obediente al Señor, y no sé por qué no soy bendecida. Creo que hay maldiciones que atan mi vida".

Entonces oré por ella, rompimos las maldiciones sobre su vida y luego le dije: "Dios quiere enseñarte que la obe-

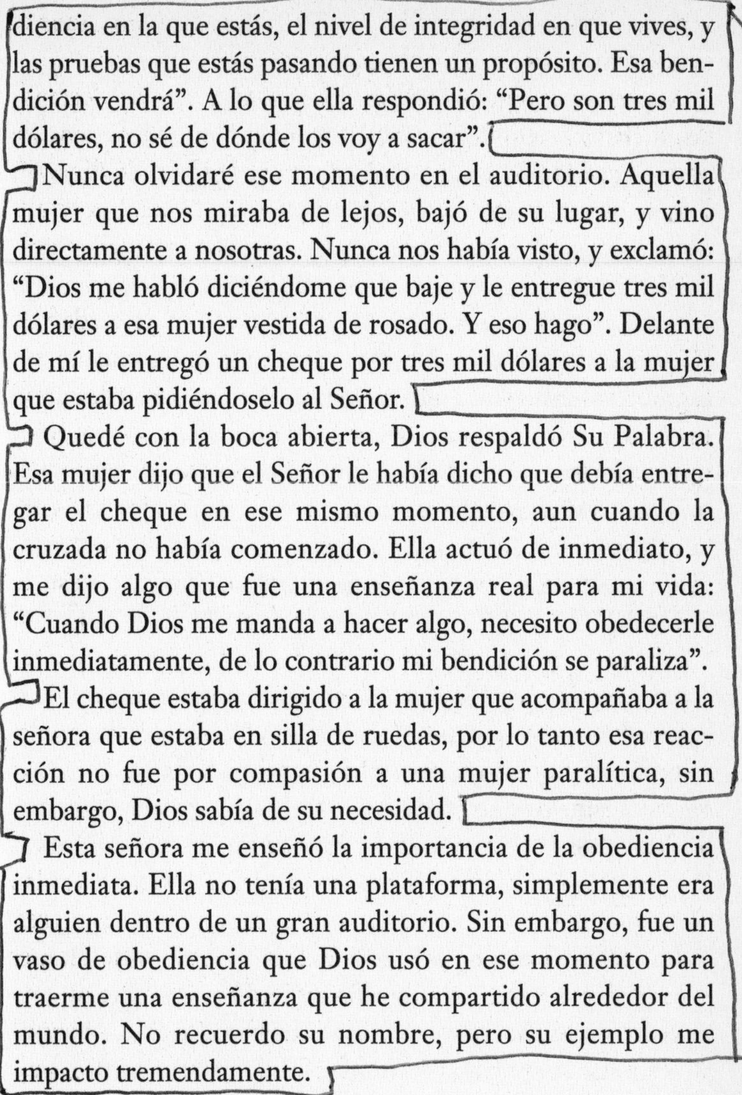

diencia en la que estás, el nivel de integridad en que vives, y las pruebas que estás pasando tienen un propósito. Esa bendición vendrá". A lo que ella respondió: "Pero son tres mil dólares, no sé de dónde los voy a sacar".

Nunca olvidaré ese momento en el auditorio. Aquella mujer que nos miraba de lejos, bajó de su lugar, y vino directamente a nosotras. Nunca nos había visto, y exclamó: "Dios me habló diciéndome que baje y le entregue tres mil dólares a esa mujer vestida de rosado. Y eso hago". Delante de mí le entregó un cheque por tres mil dólares a la mujer que estaba pidiéndoselo al Señor.

Quedé con la boca abierta, Dios respaldó Su Palabra. Esa mujer dijo que el Señor le había dicho que debía entregar el cheque en ese mismo momento, aun cuando la cruzada no había comenzado. Ella actuó de inmediato, y me dijo algo que fue una enseñanza real para mi vida: "Cuando Dios me manda a hacer algo, necesito obedecerle inmediatamente, de lo contrario mi bendición se paraliza".

El cheque estaba dirigido a la mujer que acompañaba a la señora que estaba en silla de ruedas, por lo tanto esa reacción no fue por compasión a una mujer paralítica, sin embargo, Dios sabía de su necesidad.

Esta señora me enseñó la importancia de la obediencia inmediata. Ella no tenía una plataforma, simplemente era alguien dentro de un gran auditorio. Sin embargo, fue un vaso de obediencia que Dios usó en ese momento para traerme una enseñanza que he compartido alrededor del mundo. No recuerdo su nombre, pero su ejemplo me impacto tremendamente.

Sin deseos de hablar con Dios

Obediencia es estar dispuestos a ir donde Dios nos manda, esto significa: tener que pagar el precio. Si Dios quiere enviarnos a África, es necesario dejar a la familia y utilizar el dinero que estaba destinado a comprar un nuevo automóvil, para realizar ese viaje.

Buscar el rostro del Señor implica un compromiso que no queremos reconocer, por lo tanto queremos ver a Dios pero no queremos que se quede en nuestra vida. Con el tiempo llegan etapas en las que caminamos por desiertos y no tenemos deseos de salir ni de ministrar a nadie. Nos encerramos y nos aislamos del mundo. Nuestro corazón no quiere pagar el precio.

Luego no comprendemos por qué Dios no nos usa, no nos abre puertas de oportunidad, no nos invitan a predicar o a orar por un enfermo. Nos sentimos tristes, en un desierto, sin deseos de hablar con Dios ni deseos de orar. Caemos en la trampa de la mentira, pensamos que Dios no nos quiere usar. Pero esto no es verdad Él quiere que le sirvamos pero debemos estar dispuestos a obedecer.

Cuando David fue a pelear contra el gigante, él estuvo dispuesto a ir, porque si hubiera decidido quedarse en su casa, no hubiera ganado la batalla. David ya había ganado batallas en otras oportunidades, con la ayuda del Señor. Él caminaba en obediencia, estaba dispuesto a pagar el precio de saber que los que estaban a su alrededor posiblemente se burlarían de él al ver a un jovencito enfrentar a un gigante. Pero no le importó lo que pensaba la gente, no tenía temor del hombre.

Quienes no están dispuestos a ir por temor a los hombres y dicen: "¿Qué pensarán los vecinos, los familiares, cuando se enteren que tengo que viajar a África o a Japón? ¿Qué pensarán si me ven hablando con una prostituta?". Nace el temor al fracaso.

Existen ciertos factores que muchas veces paralizan a la persona cuando Dios está dispuesto a enviarla. Dios la envía y ella no está dispuesta a ir por temor al hombre, a las circunstancias, o al fracaso.

Pero si Dios quiere usarlo y usted está dispuesto, Él

abrirá puertas para ministrar liberación, sanidad, salvación y llevar las buenas nuevas a los perdidos. Entonces verá que los milagros comenzarán a suceder.

Capítulo 4

Buscar el rostro de Dios

Es, pues, la fe la certeza de lo que se espera, la convicción de lo que no se ve.
Pero sin fe es imposible agradar a Dios; porque es necesario que el que se acerca a Dios crea que le hay, y que es galardonador de los que le buscan.

—*Hebreos 11:1, 6*

Oh Jehová, Dios de mi salvación,
Día y noche clamo delante de ti.
Llegue mi oración a tu presencia;
Inclina tu oído a mi clamor.

—*Salmo 88:1-2*

Para buscar el rostro de Dios:

1. ***Oración de fe*** (Hebreos 11:6)

2. ***Oración de perdón*** (Mateo 6:14)

3. ***Oración de confesión*** (1 Juan 1:9)

4. ***Oración de petición*** (Filipenses 4:6)

5. ***Oración de intercesión*** (Santiago 5:16)

6. ***Oración de consistencia*** (Salmo 55:7)

7. ***Oración de alabanza*** (Salmo 100:4)

8. ***Oración de ponerse de acuerdo*** (Mateo 18:19)

4

Hace algunos años, durante una cruzada de Carlos Annacondia en la ciudad de Nueva York, aprendí un nuevo concepto sobre liberación. Por muchos años ministré liberación y había visto a cientos y cientos de personas ser libres. Pero las palabras que me dijo el evangelista cambiaron mi estilo de ministrar liberación y orientación espiritual.

Aunque el título original para este capítulo era "Comprender sanidad interior y liberación", después de mucha oración decidí cambiarlo. Aunque aún no comprendía la relación entre el concepto de sanidad interior y liberación con el tema central del libro, el Señor me ayudó a entender que había muchas personas que necesitan liberación, o tal vez hay algunas personas que desean ayudar a otros a ser libres, pero sienten que no pueden. La sanidad interior y la liberación tienen más puntos en común de los que creemos.

Muchos ven el concepto de liberación como un ministerio que debe ser desarrollado únicamente por aquellas personas que tienen un llamado especial. Sin embargo, cualquiera puede ser un instrumento que Dios quiera usar. Todo aquel que busque el rostro de Dios puede recibir liberación en su propia vida y luego ser usado para ayudar a otros a ser libres a través de su testimonio o ministración.

En este proceso de ayuno y oración, el Señor Jesús me recordó esa conversación que mantuve con el hermano Carlos Annacondia en Nueva York. Mi estilo de vida, mi forma de ministrar liberación y de buscar de Su presencia, fue transformada. Todo esto me ayudó a ser un vaso entregado en Sus manos para llevar liberación a tantas personas heridas y dolidas.

El cambio surgió desde la forma de dirigirme a las personas hasta la manera tratar el tema de sanidad interior. El evangelista me enseñó que las palabras *sanidad interior* eran utilizadas en muchos países —especialmente en Sudamérica— y traía confusión en el ministerio de liberación, por lo tanto me recomendaba evitar usarlas.

Cuando finalizamos la conversación y salí de la habitación en la cual nos encontrábamos, comprendí que su enseñanza resaltaba la importancia de ver la condición interior de la persona y ser sensibles a ministrar liberación sin dañar su corazón.

El error de los extremos

Los métodos extremistas, que en ocasiones son aplicados por ciertos cristianos, logran confundir al individuo que necesita liberación. Cuando pensaba sobre esto me pregunté: "¿Qué aprendí el día que cambió mi estilo de ministrar liberación?". Recordé entonces una pregunta que le hice a Carlos Annacondia: "Hemos visto tantos ministerios de liberación que han llegado a extremos, ¿será esa la causa del rechazo de las palabras *sanidad interior?*" A lo que respondió: "Los extremos en los ministerios han traído mucha confusión y temor a la iglesia". Entonces comprendí que debía examinar la manera en que ministraba liberación.

Tal vez en el pasado, muchas personas buscaron una orientación espiritual y posiblemente fueron heridas por conceptos erróneos sobre sanidad interior, o por una mala experiencia que hayan tenido en otra iglesia. Como resultado de ello su corazón puede estar dañado. Así fue que comprendí que lo importante no eran las palabras sino el evitar llegar a los límites en el ministerio de liberación.

Luego de aquella conversación supe que el Señor quiere

usarnos a todos. Cuando Él caminó por esta tierra llevó sanidad a muchas personas, ya sea en lo físico o en lo emocional. La Palabra nos habla mucho acerca de liberación, y nos relata muchos testimonios de liberación. Pero también sabemos que muchos quedaron atados cuando Jesús ascendió a los cielos. ¿Por qué no todos fueron libres? Sabemos que cuando el pueblo de Israel salió de Egipto, el Señor libró a todo el pueblo del yugo del Faraón.

Debemos entender que el proceso de liberación, ya sea instantáneo o progresivo, resulta exitoso cuando la persona desea ser libre. Esa disposición será en parte lo que determinará el tiempo de esa ministración.

Cuando alguien me dice que tiene un familiar que necesita liberación, pero no quiere acercarse a una iglesia, lo primero que le aconsejo es que ore por él. Dios será quien mueva el corazón de esa persona para que desee hallar la liberación. Si ella no desea salir del hoyo de destrucción, entonces nada se puede hacer. El proceso de liberación necesita de la voluntad de la persona para desandar el camino mal recorrido.

En mi testimonio personal, recibí liberación porque deseaba salir de esa pudrición en la que vivía. Mi corazón estaba sensiblemente herido por los traumas del pasado. Por ese motivo, si alguien hubiera usado extremos o maneras confusas en la forma de ministrarme, posiblemente no hubiera buscado más de Dios, y me hubiera ido de la iglesia aún más atada o más confundida.

Dios desea que exprese en estas páginas la importancia de ser sensibles a buscar el rostro del Señor para ser vasos útiles en el ministerio de liberación.

Ministrar liberación no es complicado, simplemente es dejarse llevar por las instrucciones del Espíritu Santo. Si somos sensibles a escuchar la voz del Espíritu Santo, entonces seremos guiados por Él y el ministerio tendrá el equilibrio que necesita.

Dios usará el vaso que esté limpio

No existe una técnica completa o un concepto específico que debe ser usado para liberación, aunque hay muchos libros y manuales que tratan acerca del tema. Sin embargo, es importante que conozca las herramientas que hay en el mercado como para poder alimentarse sobre este tema. Pero... tenga cuidado de no elegir un libro que le inspire temor y que enseñe métodos que glorifiquen a Satanás. Por esa razón, antes de adquirir un libro, verifique la línea de la editorial que lo publica y consulté la opinión de su pastor.

Cuando Dios comenzó a usarme en el ministerio de liberación, la Biblia fue el libro que utilicé para aprender cómo escuchar la voz del Espíritu Santo, por lo tanto sabía que Él me guiaba. Hay personas que ministran liberación basándose en los rudimentos de la vieja escuela. Algunos han sido satanistas o brujos y se creen más sensibles espiritualmente que otros —y a veces lo son—, pero no pueden usar ese discernimiento para ministrar liberación. Dios usará el vaso que esté limpio, no necesariamente el que esté educado en una enseñanza que glorificaba a Satanás.

Muchas personas reciben liberación buscando la presencia de Dios o solamente leyendo Su Palabra. Esto último fue lo que le sucedió a mi esposo. Sam fue libre a través de la Palabra de Dios. Nadie le impuso manos ni oró por él, sin embargo, fue libre de las drogas. En mi caso, el Señor usó un siervo que me ministró liberación. Cuando él oró por mí y me impuso manos, fui libre.

Un ministerio completo

Muchos separan el ministerio de liberación de los otros ministerios de la iglesia, porque creen que eso puede llevar confusión. Lo que están haciendo es manipular al pueblo. La persona que busca de Dios, posiblemente aún está atada por el equipaje emocional que trae de su pasado, traumas de un anterior estilo de vida. Tal vez no está endemoniada sino que está invadida por los traumas de su vida pasada y por las heridas en su alma. Dios debe restaurar y sanar ese corazón.

Por esa razón, el ministerio de consejería, restauración o crecimiento está comunicado con el ministerio de liberación. Incluso está unido al ministerio de intercesión a través de la oración de unos por otros.

Muchas veces, a la persona le resulta difícil sentirse una nueva criatura, sentirse limpia y amada por el Señor. Es difícil identificar su necesidad y reconocer que necesita liberación, para finalmente buscar ayuda.

La iglesia local debe estar preparada para brindar la atención necesaria a las personas que se acercan a las reuniones. Desde tener personas entrenadas en el área de liberación con el conocimiento suficiente y la sensibilidad espiritual para tal hecho, hasta los consejeros que serán quienes las acompañen en el trayecto de afianzarse en el camino de Dios. El ministerio de liberación no es todo demonios ni solamente consejo.

Durante muchos años trabajé con siquiatras y sicólogos cristianos, y observé que existen ciertos niveles de terapia el que Dios puede usarlos, siempre que tengan buen testimonio y que se pueda confiar en ellos. Dios usa a los médicos en todas sus especialidades, también a los sicólogos y siquiatras cristianos, pero al mismo tiempo no todo es consejería ni tampoco todo es demonio. Tampoco todo es cuestión de la carne. En ocasiones le echamos la culpa a los efectos o consecuencias del pecado, pero luego nos damos cuenta que la persona está dominada por una actividad demoníaca.

Puedo ejemplificarlo de la siguiente forma: Si una persona es víctima de malos pensamientos, no significa que necesite liberación de demonios. Sin embargo, los pensamientos son un arma útil para los juegos del diablo.

Algunos predicadores han confesado que, en ocasiones, cuando están predicando y ven a una muchacha sentada en la primera fila de asientos con las piernas cruzadas, viene sobre ellos un mal pensamiento. Eso no significa que ese siervo está endemoniado. Esta es una práctica común del diablo, él lanza dardos para atacarnos, que se mencionan claramente en el libro a los Efesios capítulo 6.

Pero, si una persona me dice: Necesito liberación porque constantemente tengo malos pensamientos, son como asignaciones satánicas enviadas sobre mi mente y hacen que me vaya a extremos que no son normales, y mi cuerpo reacciona de maneras que no quiero que lo haga. En ese caso debe saber que eso no es el resultado de un alma herida sino de una actividad demoníaca en su mente. Esta persona necesita liberación del tormento que ataca su mente.

Esta persona debe ser ministrada y posiblemente el proceso de liberación sea rápido y efectivo, porque sabrá cómo enfrentar la situación cuando el enemigo intente regresar a su mente y atormentarla. La Palabra de Dios nos enseña que cuando un demonio es expulsado, vendrán siete e intentarán entrar nuevamente.

Consejos de ministración

Aprendí una fórmula de tiempo a la que llamo: 45 / 10 / 45. Esta es la regla que me ayuda a recordar los porcentajes de tiempo que debo dedicarle a una persona mientras le ministro.

En la etapa de la pre-liberación, la persona debe buscar el rostro de Dios y entender que ella necesita liberación. Esto toma aproximadamente el 45% del tiempo.

Echar fuera el demonio lleva tan solamente el 10% del tiempo.

La etapa más importante es la post-liberación. En este

tiempo la persona recibe el entrenamiento posterior a la liberación. En estas recomendaciones sabrá cómo mantener las puertas cerradas de su vida cuando el enemigo intente regresar. En este proceso la persona buscará de Dios y nacerá en ella el deseo de que Jesús permanezca en su vida. También anhelará conocer al Espíritu Santo como una persona, como un amigo.

La iglesia tiene la tarea de discipular a la persona que recibió liberación. La guiará a programas de enseñanza o entrenamiento. Es necesario que la persona adquiera conocimientos sobre los principios de vida y la forma de ponerlos en práctica. Esos principios son elementales para vivir una vida verdaderamente libre.

No todas las personas que evidencian signos de violencia extrema durante alguna oración están endemoniados. En ocasiones, ni siquiera los domina un espíritu de violencia. Muchas veces hay pactos demoníacos sellados en el pasado a los que debe renunciar para quitar autoridad al diablo sobre esa área de su vida.

Entonces descubrimos que la técnica de echar demonios no funciona en este caso. Para esta situación debemos pedirle al Señor que envíe sus ángeles guerreros para que nos ayuden a ministrar. Debemos guiar a la persona a que identifique los pactos que debe romper sobre su vida.

Cuando la persona se manifiesta no es necesario que cua[illegible] fuertes la sostengan, sino que una persona debe [illegible]dad espiritual sobre los demonios, atarlos y [illegible]allar. No necesitamos conversar con ellos. Todo [illegible] es mentira, porque el diablo es mentiroso. [illegible] ministración hago callar a los demonios y le pre[illegible]l Espíritu Santo qué tengo que hacer y qué debo decir. A veces el Señor me revela los pactos que esa persona debe romper. Entonces la guío en oración para renunciar ellos.

Es importante no permitir que el demonio que se está

manifestando tome el control o la manipulación en ese momento, sino que el Espíritu Santo sea quien tome dominio. Algunas personas crean un espectáculo, un drama, y permiten que se manifieste demoniacamente frente a la congregación, y eso no es necesario. Ese espectáculo inspira temor a los que miran. Habrá gente en la congregación que no querrá que le oren por temor a que suceda lo mismo.

Control y autoridad

En una oportunidad, mientras ministraba en una iglesia se manifestó demoniacamente una muchacha. Tres ujieres la tomaron y la tironeaban de un lado hacia otro. La trataban como si fuera una muñeca de trapo. Después, prácticamente se tiraron encima de ella para tratar de echar al demonio. Al ver tal situación les pedí que se detuvieran y tomaran control del demonio, de lo contrario le hubieran quebrado los brazos a esa joven.

Como ministros, es necesario tomar el control y no permitir ese tipo de situaciones. Por esa razón comparto la opinión de Carlos Annacondia, de llevar a los manifestados demoniacamente a una sala en privado para que sean ministrados.

Cuando estuve en Utica, Nueva York, durante una de sus campañas, ingresé al lugar destinado para liberación. Allí ministraban a cientos de personas, el equilibrio y la sensibilidad de quienes trabajaban allí me sorprendió. Los consejeros estaban entrenados en lo técnico y lo espiritual, estaban lúcidos y sensibles a Dios.

Debemos enfrentar al demonio con autoridad y con firmeza, con esto no me refiero a que debemos hacer un griterío. Muchos ministros de liberación gritan más fuerte que el mismo demonio al que están tratando de echar. Creen que de esa forma tendrán más autoridad. Sin embargo, la manera más sencilla es con la autoridad de Cristo

Jesús, de esa forma usted puede enfrentarse a ese demonio y ordenarle que salga, sin dañar a la persona. Los demonios se sujetarán y se irán si hacer ningún daño, porque el cuerpo de esa persona es importante, y el corazón también. No podemos decir cosas que se graben en su corazón y le lleven más confusión.

PRÁCTICAS DE ENTRENAMIENTO

En una ocasión ministré a una mujer estaba en adulterio y tenía problemas de masturbación y sexo. En el momento en que la mujer se manifestó demoniacamente sus familiares la rodearon y quisieron quedarse cerca de ella. Cuando le pregunté al Espíritu Santo qué decir, me dio instrucción directa acerca de cómo ministrarla sin avergonzarla, porque Dios no avergüenza a sus hijos. Él no permitirá que la ministración se lleve a cabo de manera que la persona se vaya peor que cuando entró. No podía decir: "Espíritu de adulterio, sal fuera". En ese momento tuve que usar sabiduría del Señor para guiar a esa mujer a entregar su vida a Jesús.

Siempre es importante saber si la persona conoce a Cristo. De lo contrario, el primer paso es guiarla a entregarse al Señor, y luego continuar ministrando liberación. De otra manera, los demonios podrán regresar pero con siete más de los que se fueron.

En ese caso, como la señora no conocía a Cristo, até la actividad demoníaca que estaba sobre su vida y la guié a conocer al Señor y ministrar su corazón. Luego la guié a renunciar a los pactos con Satanás, y al romperlos se manifestaron los demonios. Fue entonces que les ordené que salieran, y así lo hicieron.

Una tía y una prima estaban con ella. Como no sabían lo que sucedía, cuando los demonios comenzaron a manifestarse durante un momento de la ministración, tuve que pedirles que salieran de la habitación. Esto les traía confusión, duda y temor, esto impedían que la unción fluyera. A veces, aquellos que rodean una ministración tienen problemas similares al que usted está ministrando y tal vez ellos también necesiten liberación.

En una oportunidad ministré un caso junto con una mujer que me ayudaba. Mi supuesto ayudante, sin yo saberlo, estaba en pecado. Como recién me iniciaba en este ministerio, acepté que cualquier persona me ayudara.

Durante varios años tomé el día sábado para ministrar liberación a todas aquellas personas que lo necesitaban. Por esa razón había solicitado ayuda. Muchos aceptaron ayudarme para entrenarse en la ministración. Ante mi falta de experiencia, no acostumbraba a orar antes de aceptar a alguien para que me ayudara, ni preguntarle al Señor si esa persona estaba capacitada para ser un vaso útil para Él. Mi nivel de discernimiento no era muy elevado y no supe que mi ayudante estaba en adulterio.

Mientras ministrábamos a la mujer adúltera, se manifestó en ella un tremendo espíritu de sexo que quería quitarle la ropa y decía cosas muy feas. Lo atamos para que no hablara, porque no necesitábamos ese tipo de información, pero él decía: "No me voy a callar, porque la mujer que está a tu lado también está en adulterio". Seguido a esa declaración comenzó a enumerar un listado de nombres con quienes ella había mantenido relaciones. Quedé fría, nunca antes había visto algo así.

Como el demonio no se callaba frente a mi orden, me dirigí a la hermana y pregunté: "¿Es esto cierto?". A lo que ella respondió afirmativamente. Descubrí entonces que la persona que me ayudaba a ministrar, mentía. Me decía que venía de orar y ayunar, cuando en verdad acababa de tener un encuentro extramatrimonial horas antes. Aunque trató de pasar desapercibida, el demonio la descubrió. Finalmente se arrepintió y buscó el perdón de Dios.

Pero esa tarde supe que los demonios conocen su estilo de vida. Ellos saben si está viviendo sobre los principios cristianos. Podremos mentirle a algún hermano que esté ministrando, o a un compañero de trabajo, pero en el mundo espiritual, el demonio sabe usted si tiene la autoridad de Cristo Jesús.

Por esa razón, cuando siervos como Annacondia ministran al pueblo y solamente oran una sencilla frase como: "Oíme bien, Satanás", las vidas atadas comienzan a recibir liberación. Muchas veces hubo una confrontación directa con los demonios, sin embargo, ellos saben sobre qué autoridad camina el siervo.

El sueño revelador

Una noche, mientras dormía, el Señor me dio un sueño que me recordó mientras escribía este capítulo. El sueño comenzaba así:

Estaba en una silla mecedora, amacándome dentro de una habitación. Podía ver esta escena como si la observara desde arriba. Mientras me mecía, una fresca brisa entraba por la ventana y recorría la habitación.

Cuando me acerqué a la ventana con la intención de abrirla un poco más, me di cuenta que cuanto más la abría, más brisa entraba y refrescaba el cuarto. Entonces abrí otra ventana para que entre aún más brisa fresca. Al abrir la tercera ventana, entró tanto aire que abrió las que estaban apenas entreabierta. Cuando traté de cerrarla por mis propios medios, pude hacerlo. En ese momento oí una voz que me dijo:

—*Lo mismo sucede cuando tú quieres liberación. Simplemente te acercas al Señor y Él te entrega la liberación. Es como una autoliberación. Uno puede ministrarse a sí mismo.*

Cuando escuché esa voz, no comprendí bien lo que estaba oyendo, pero vi que continuaba meciéndome en la silla.

El viento soplaba con más intensidad, y entraba en la habitación.

¿Qué es este viento?, —pregunté.

Y escuché la voz del hombre que decía:

—*Ese viento son las tentaciones demoníacas, y tú les permites entrar. Por momentos te parece agradable sentir la brisa, la disfrutas cómo algo delicioso, pero si te descuidas, esa brisa puede convertirse en un huracán que abrirá otras ventanas en tu vida.*

Luego de escuchar esa voz, observé que cada ventana tenía cortinas con nombres grabados. Una de ellas decía "pornografía", la otra "alcohol", la siguiente "orgullo", en otra se podía leer "destrucción".

En ese momento, el viento comenzó a soplar más fuerte. Me levanté tratando de llegar a la ventana para cerrarla, y no podía. Procuré haberlo nuevamente, pero el viento era tan fuerte que no me lo permitía. El Señor me hizo ver que hay momentos en que necesitamos ayuda. El hombre del sueño me dijo:

— *Esa casa simboliza tu vida. No debes permitir que la actividad demoníaca entre tan profundamente a ella.*

Primero no entendí lo que estaba oyendo, pero luego vi a un hombre venir detrás de mí y me ayudó a cerrar la ventana contra ese viento. En ese momento, el hombre que estaba detrás de mí, a quien no le vi la cara pero sí las manos, me dijo:

—*Tienes que trabar la ventana. Tienes que sellarla y ponerle el candado. Esta es tú casa y tú ventana. Este viento son las fuerzas demoníacas que desean entrar en tu casa, pero tienes que tomar la determinación de mantener tus ventanas selladas. De nada sirve si vuelves a abrirlas luego de haberlas cerrado y sellado. Toma autoridad y colócales traba.*

Luego de eso, me dijo:

—*Ahora vamos al garaje, la puerta está abierta y por allí puede entrar el viento y volar el techo de la casa. El viento es muy fuerte y la puerta es grande.*

Generalmente, el garaje de la casa es un lugar que casi nadie quiere mostrar a las visitas ni a las suegras. Es el lugar perfecto para acumular las cosas que ya no necesitamos o que queremos quitar del paso. Sin embargo, esa es la puerta más grande que tiene la casa. En muchas ocasiones, por descuido de alguno de los integrantes de la casa, esa puerta queda abierta, y se transforma en una acceso fácil y atractivo.

Como parte del sueño el hombre me acompañó hasta la puerta y juntos la cerramos. Aquel garaje estaba lleno de basura, entonces me dijo:

—*Ahora colócale la traba. El garaje es tu vida oculta, es tu cuarto privado, el área de la casa que no quieres mostrar. Allí hay cosas que debes desechar porque ya no las necesitas. Son cosas que traen tentación, cosas que evocan tu pasado pecaminoso y que debes limpiar.*

Miré el garaje y me di cuenta que había muchas cajas con cosas de las que debía deshacerme, también comprendí la importancia de cerrar esa gran puerta de mi vida. Muchos de nosotros no conocemos el contenido de los garajes de las personas que nos rodean, aunque tenemos una amistad de varios años. Hay personas que nunca muestran ciertos cuartos de su casa porque son muy privados.

De pronto, el viento del sueño aumentó su fuerza como la de un huracán. Los cimientos de la casa comenzaron a moverse y las puertas del clóset comenzaron a abrirse. Al mirar el contenido de esos clósets descubrí que había cadáveres como momias escondidas allí. Y aquel hombre me dijo:

—*Hay personas que crees haber enterrado pero aún permanecen vivas en tu vida. Intentaste mantenerlas enterradas en cuartos, y olvidarte de ellas. Pero a Satanás le gusta sacar a la luz esos recuerdos, quitar las vendas de los cuerpos momificados y bailar con ellos en los momentos inoportunos.*

Esas momias de las que hablaba eran personas que uno quisiera que estén muertas y enterradas, para no encontrárnoslas nunca. Son esas personas quienes impiden que usted reciba liberación, porque aún siente rechazo, rencor, resentimiento por ellas. Aún no las ha perdonado.

Entendí la necesidad de buscar en todas las áreas de mi vida, los sentimientos hacia personas con las que había tenido algún encuentro que no fue positivo. Aquellas personas a quienes hemos querido maldecir con pensamientos y hasta con palabras como: "Ojalá que se muera, porque no la quiero ver nunca más". Hemos declarado maldición con nuestras palabras sobre esa vida. Debemos pedirle al Señor que nos perdone por las maldiciones proferidas.

Comprendí también que había personas a las que necesitaba perdonar con la ayuda del Espíritu Santo. Me habían herido, me habían violado, me hicieron mucho daño, y formaron raíces de amargura, de resentimiento, de rencor en mí. Necesitaba sacar a esas personas de los clósets de mi vida, porque me impedían vivir en paz.

Íntima manipulación

Luego de limpiar los armarios de la casa, continué meciéndome en la silla. Mientras me mecía, el hombre del sueño me mostró otro cuarto de la casa. En él había un grupo de personas que comenzaron a salir, abrían y cerraban la puerta de la calle y del patio. No comprendía esta parte del sueño. Al despertar decidí pedir ayuda a un siervo de Dios para que me aclare este punto. Él me dijo que había personas en mi vida íntima, a las que les había permitido entrar en mi casa y tenían la suficiente confianza como para abrir y cerrar las ventanas y puertas de mi casa. Cuando las ventanas están abiertas, el ladrón, Satanás, tendrá la oportunidad de entrar y robar las bendiciones. Necesitaba sacar a esas personas del interior de mi casa.

Debe tener cuidado a quién permite ingresar a la intimidad de su vida, a su círculo de amistades más cercano. No debe autorizar que esas personas tomen una posición superior a la de Cristo en su vida. A veces ellas ocupan el lugar de ídolos y modelos para la vida. Es importante que Dios apruebe la gente que ingresa a su círculo de amistades y a su casa.

Personalmente decidí que había personas, familiares, que debía separar de mi círculo íntimo. Podía visitarlos y compartir algunos momentos con ellos, pero no debía revelarles lo más profundo de mis emociones y mi corazón.

En muchas oportunidades compartí vivencias que con el tiempo fueron utilizadas para herir mi corazón. Aunque la relación con esas personas debía continuar, tenía que ser un poco más superficial con ellos. No eran esa clase de personas que Dios deseaba que estén cerca de mi vida, pues, a veces intentaron empujarme al hoyo de destrucción. Traían ataduras a mi vida que impedían que buscara de Su rostro y presencia.

La manipulación que ejercieron sobre mi vida me obligó a hacer pactos y compromisos que no agradan a Dios. La influencia de otras personas me manejaba, incluso lo permitía de quienes forman parte de círculos religiosos.

Dentro de la casa del sueño se encontraban siervos de Dios que formaban parte de la iglesia y también contaminaban mi vida. Ellos me habían alimentado desde el púlpito con comida espiritual adulterada. Pude verlos dentro de mi cocina, preparando alimentos que más tarde comería. Esta preparación combinaba la intimidación con la manipulación. Ese sería el alimento adulterado que entregarían desde el púlpito. A ellos también debía echarlos fuera de mi vida.

El hombre del sueño me dijo:

—Las personas que manipulan desde un púlpito te están dando comida envenenada y esto trae confusión a tu vida. Debes decidir si quieres tolerar esa manipulación o no. Tienes que saber que ese alimento, esa manipulación no es saludable para ti.

La manipulación es la manifestación del espíritu de

Jezabel en la vida de una persona. Cuando la manipulación ingresa en la vida de alguien que lo rodea, usted debe tomar control de esa relación y decidir si debe comer esos dardos de manipulación que se están cocinando en su cocina.

Como oveja que pertenece a un rebaño debe saber si la comida que proviene desde el púlpito de su iglesia está contaminada con engaño e intimidación. Si desea comer esa comida, es su decisión. Un gajo vivo no puede vivir en un árbol que se está muriendo. Ore a Dios para que le muestre qué debe hacer y cuál debe ser su determinación al respecto.

Aunque este era un sueño, reflejaba una realidad espiritual. Hay siervos que alimentan a sus ovejas desde un púlpito con comida envenenada y lo toleramos. Nunca se debe utilizar el púlpito para expresar control sobre la congregación o a la iglesia. En el pasado, varios siervos hirieron mi corazón desde el púlpito, porque no estaban ungidos por el Espíritu Santo. Ellos querían el dinero o cierta aprobación de miembros y líderes de la iglesia. Manipulaban la situación para su propio beneficio.

Entonces comprendí que necesitaba liberación de esas fortalezas mentales que rodeaban mi mente. Algunos de estos conceptos son parte de la religiosidad y el legalismo, muchas veces detrás de ellos se encuentran espíritus religiosos que contaminan.

Elementos de sensualidad

En el clóset de mi sueño había ropa colgada y accesorios. De esa imagen, el hombre me explicó lo siguiente:

—*Debes quitar ciertas prendas que se encuentran guardadas en tu placard. A través de ellas expresas mensajes de sensualidad que estimulan a los hombres.*

Comprendí que había ciertas prendas que debía cambiar. Esa manera de vestirme reflejaba las ideas sexuales, resultado de tantos años de haber consumido pornografía. Pensaba que debía vestirme de cierta manera para lucir bonita, pero no era así. Debía limpiar mi clóset de toda esa ropa.

También me dijo:

—*Allí hay cosas que te ha regalado algún enamorado y que están ligadas a tu vida pasada. Cada vez que las usas te sientes mal o te recuerda a tu pasado.*

Cuando enseño sobre este tema reconozco la emocionalidad de las mujeres. Conservamos ciertos recuerdos de personas que formaron parte de nuestro pasado. Ese regalo involucra sentimientos de nuestro corazón y afirma los lazos emocionales.

En ese sueño este hombre me dijo que debía pedirle al Espíritu Santo que rompa todo lazo físico y emocional con el pasado, como parte del proceso de liberación. Esto incluye los lazos espirituales que trae la intimidad sexual.

Durante las relaciones sexuales se crean lazos espirituales que nos unen con la otra persona, incluso con todas aquellas personas con las que ella ha mantenido relaciones sexuales. Esos lazos se transforman en ligaduras satánicas.

En el ocultismo, es muy importante tener relaciones sexuales con los líderes de esas sectas. De esa manera influencian su vida con ciertas maldiciones. Esto también ocurre en las misas negras y cultos satánicos. La actividad sexual y las violaciones forman parte de sus ritos. Esto glorifica a Satanás y las maldiciones atraviesan esa vida.

En mi caso, fui víctima de los altares satánicos por medio de violaciones. Al conocer a Dios le pedí al Espíritu Santo que rompa aquellos lazos, aunque ni siquiera recordaba la cara de algunos de esos hombres. Mi mente se había bloqueado intentando olvidar los malos recuerdos.

Muchas personas fueron salvas pero continúan emocionalmente atadas. Ministré a mujeres que le pusieron a sus hijos el mismo nombre que su primer novio, o buscaron novios parecidos físicamente a aquel que les falló, y rompió su corazón. De esa manera no sueltan el equipaje emocional que llevan a cuestas por la vida. Para ser libre de eso hay que pedirle al Espíritu Santo que corte todo lazo espiritual que se ha transformado en una obsesión satánica.

El Espíritu Santo me enseño por medio de este sueño la manera de ministrar liberación. Explicarle a la persona la importancia de limpiar el clóset, cerrar las ventanas y la puerta del garaje de nuestra casa.

Una casa limpia y cuidada

Cuando el ambiente está limpio y fuera de contaminación, podemos buscar el rostro de Dios en libertad. A partir de allí viene el hambre espiritual que estamos buscando. Cuando las memorias regresen serán cicatrices que no sangran ni duelen. Dios usará esos recuerdos para ministrar a otros con nuestra experiencia y testimonio.

Vendrán dificultades en las que Dios probará su vida y el diablo intentará verificar si sus ventanas están cerradas. Satanás querrá romper los cristales de la ventana entrar y hacerle daño. Esta situación le parecerá como atravesar un desierto en medio del huracán, pero en un instante vendrá la calma.

Deberá estar atento y observar cuándo necesita poner un cristal nuevo en su ventana, en qué condiciones se encuentran las cerraduras de sus puertas, y cuándo debe cambiarlas por unas nuevas. Para que una puerta o ventana sea abierta con facilidad es necesario que tenga una buena bisagra. Es un elemento pequeño que tiene la capacidad de abrir las puertas más grandes de nuestra vida. Algunas veces descuidamos las bisagras que abren las puertas más importantes y cierran las que deben permanecer cerradas.

Las pequeñas zorras son como el óxido que corroe el metal, ellas llevan destrucción. Por esa razón nunca debemos olvidarnos de colocar aceite a las bisagras. El aceite del Espíritu Santo nos indicará lo que debemos hacer en el momento indicado. Esos detalles son más importantes de lo que creemos ya que en el momento de querer abrir o cerrar una ventana no podremos hacerlo si la bisagra no funciona.

Cuando entregué mi vida, mi tiempo e incluso mi agenda a Dios fue para ser un vaso de bendición, para llevar esperanza al corazón herido. Al ver mi actitud, Dios abrió las puertas y me dio la oportunidad de viajar durante muchos años, para ministrar vidas llevándoles sanidad espiritual y física.

Sabemos que el dolor físico es fuerte y realmente doloroso, pero a veces las heridas que más duelen son las del alma. Los traumas emocionales son el equipaje que más pesa en las maletas de la vida.

Cuando Dios quita de nuestros hombros esas pesada carga, comprendemos que cientos de miles de seres humanos se encuentran en la misma situación en la que nos encontrábamos nosotros, y cambiamos de actitud.

Una de las trampas del diablo es que perdamos el gozo de ver las almas perdidas llegar a Cristo. Nos ocupamos de tantas cosas, que perdemos los objetivos más importantes que afectan al Reino y desviamos el enfoque evangelístico de nuestra vida.

El ministerio de liberación es una parte importante del ministerio evangelístico. Si amamos a las personas que están perdidas, entonces Dios nos usará para ministrar liberación. Pero, ¿Cuánto tiempo hace que usted no le habla a alguien de Dios? ¿Cuándo fue la última vez que lloró por los que están perdidos, sin Cristo? ¿Cuándo fue la última vez que sembró semillas de oración por las almas que están atadas?

No espere recorrer el mundo para que Dios lo use en liberación, cuando ni siquiera le puede entregar al Señor un tiempo en oración para pararse en la brecha por otros. No espere que Dios respalde en público sus oraciones cuando usted no tiene tiempo de reunirse con Él en privado. Todo comienza en sus rodillas y en la actitud de su corazón. Todo comienza en oración.

**Ver Apéndice A: Guía de estudio para ministrar liberación.*

El ministerio de lavar los pies

Cuando busque el rostro de Dios, Él le dará la agenda correcta y los sueños de su vida. Yo soñaba con viajar acompañando a grandes evangelistas, y Dios me lo concedió. Pude lavarle los pies a grandes siervos y ayudar a que crezca su ministerio. Era "una Aarón" que sostenía las manos "a Moisés". Era un ayudante.

El ministerio que no se ve, el de lavar los pies, es el que Dios usa para poder llevar libertad a otros. Comienza lavando los pies a los demás, como siervo. Los discípulos no esperaban que Jesús lo hiciera. Sin embargo, lo que nadie quería hacer, Él lo hizo: Lavó los pies de los discípulos. Usted debe saber que en aquel tiempo se usaban sandalias, como consecuencia de esa costumbre y de los caminos polvorientos, los pies estaban muy sucios.

Limpiar los baños de la iglesia

A veces no queremos hacer las cosas que otros no hacen. En mis comienzos, muchas veces Dios me permitió limpiar los inodoros de la iglesia. En los últimos catorce años, una de mis primeras funciones fue limpiar los baños de las iglesias y estadios donde se realizaban las cruzadas evangelísticas.

Recuerdo la primera vez que me pidieron que me ocupe del cuarto donde oraría el pastor Benny Hinn. Además de limpiar la habitación debía lavar el baño para que el siervo de Dios lo encuentre limpio.

Fue entonces que recordé la primera profecía que me dieron muchos años antes. Mientras limpiaba el baño de mi iglesia, una hermana me vio y me dijo: "Así como tú limpias ese inodoro girando el cepillo, de la misma manera viajarás alrededor del mundo para limpiar vidas, porque estás dispuesta a hacer lo que nadie quiere hacer".

Como usted notará, las profecías no son únicamente fruto de cultos muy ungidos sino que también son fruto de momentos inesperados de la vida, en que Dios quiere darle una palabra que luego cumplirá.

Hoy sé que al ver mi disposición, Dios me concedió la oportunidad de ser voluntaria en el ministerio de Benny Hinn. Compartí con él 257 reuniones en 90 diferentes viajes. En todos ellos experimenté la gloria de Dios al observar a decenas de personas ser sanas de parálisis y levantarse de su silla de ruedas. Aprendí mucho en esos días como voluntaria en las cruzadas.

Trabajando afuera por seis horas

Recuerdo una noche de 13 grados en la ciudad de Filadelfia, el frío era tan intenso que prácticamente estábamos congelados. Mi función durante esa cruzada fue ayudar a las personas que descendían de las ambulancias. Por el frío, las personas en sillas de rueda eran transportada por ambulancias o camionetas cerrada.

Mientras esperaba congelada fuera del estadio, ayudando a las personas enfermas, recordé que cuando somos fieles en "lo poco", Dios abre nuevas puertas para "lo mucho".

Esa noche no pude presenciar la reunión porque estaba trabajando afuera por seis horas, pero encontré la gloria de Dios cuando busqué Su rostro y me llenó con una unción fresca, desde aquella lejana puerta de ingreso al estadio.

Cuando la cruzada prácticamente había acabado, me crucé en el pasillo con este siervo de Dios y me dio su bendición. En cuestión de minutos pude recibir todo el favor de Dios que busqué por horas.

Ese día, en la ciudad de Filadelfia, comprendí la importancia de la actitud del corazón. Eso fue la que atrajo la bendición de Dios sobre mi vida.

Después de varias reuniones pude compartir mi testimonio delante de diecisiete mil personas en otra cruzada, en la ciudad de Lansing, Michigan. Cientos fueron libres esa noche. Mi testimonio fue grabado y el Pastor Benny Hinn escogió la cinta de esa cruzada y la envió como regalo, a miles de compañeros del ministerio alrededor del mundo.

Esas cintas llegaron a distintos programas de televisión donde fue transmitida mi experiencia y testimonio. Dios usó la actitud de un corazón para abrir el corazón de otros y llevar bendición a los que escucharon ese testimonio. Nunca sabremos cuánto pueden influir nuestros hechos y palabras en la vida de los demás. No todo es echar demonios sino ser obediente y llevarle esperanza a los que están heridos y necesitan de Jesús.

Capítulo 5

Esperanza para el corazón herido

Tú guardarás en completa paz a aquel cuyo pensamiento en ti persevera; porque en ti ha confiado.

—Isaías 26:3

Promesas cuando se siente sin esperanza

Hebreos 6:18–19

Salmo 33:18-22

Salmo 42:11

Salmo 71:1-6

Romanos 5:1-5

5

"Entonces me invocaréis, y vendréis y oraréis a mí, y yo os oiré; y me buscaréis y me hallaréis, porque me buscaréis de todo vuestro corazón. Y seré hallado por vosotros, dice Jehová, y haré volver vuestra cautividad, y os reuniré de todas las naciones y de todos los lugares adonde os arrojé, dice Jehová; y os haré volver al lugar de donde os hice llevar".

—*Jeremías 29:12-14*

Si un órgano en nuestro cuerpo necesita salud y eficiencia, ése debe ser el corazón. Es el que efectúa mayor trabajo. Es como una bomba de doble acción. Primero, hace circular la sangre a través de todo el organismo y luego, envía vitalizante a los pulmones para su purificación.

Esta potente máquina es apenas del tamaño de un puño, pesa 500 gramos y en una persona adulta golpea unas 70 veces por minuto. Los investigadores revelan que el corazón es el responsable de la circulación sanguínea a través de venas, arterias y capilares del cuerpo humano, y que recorre 22.224 kilómetros. Convertido en distancia geográfica, tendríamos un viaje marítimo desde Nueva York, Estados Unidos, hasta Hong Kong, en la costa de la China, pasando a través del Canal de Panamá.

Es sorprendente el grado de dependencia que tenemos del corazón. Si perdiéramos un ojo, tendríamos otro para ver; un oído sordo no impide la audición con el otro. Pero, no podemos prescindir de nuestro corazón.

Sin embargo, la felicidad personal no se logra únicamente por tener un corazón físicamente sano, también es necesario que sea emocionalmente saludable.

En el libro del profeta Jeremías encontramos unas hermosas palabras que nuestro Dios habla a sus hijos, diciendo: "*me buscaréis y me hallaréis, porque me buscaréis de todo vuestro corazón*".

Debemos ser conscientes que el corazón es engañoso y llevó a muchas personas a perder las esperanzas. En este proceso también se pierde la visión de buscar del rostro de Dios, de Su presencia.

En muchas oportunidades esos dardos de desesperanza son mentiras que el enemigo deposita en nuestro corazón.

> "Engañoso es el corazón más que todas las cosas, y perverso; ¿quién lo conocerá?"
>
> —*Jeremías 17:9*

No siempre podemos confiar en lo que nuestro corazón nos dice. Nosotros mismos no conocemos, pero Jehová sí. Él es quien escudriña la mente y prueba el corazón para darnos a cada uno según su camino, según el fruto de sus obras.

En algún punto, el corazón está conectado con las obras. Según cómo nos sintamos emocionalmente, actuaremos. Si estamos deprimidos, nos quedamos paralizados y no haremos lo que Dios desea.

La depresión es una de las dificultades que enfrenta la sociedad hoy en día. Levantarse cada mañana es difícil para aquellos que se encuentran en un hoyo de depresión y desencanto. Muchas personas me han dicho: "Amparo, fue muy difícil para mí tener que levantarme de la cama esta mañana. Siento que Dios no me escucha, me siento lejos de Él. Ya no tengo deseos de orar ni de buscar Su rostro. Me siento muy deprimida, no tengo deseos de hacer nada".

Pero... ¿Cómo se sale del hoyo de la depresión?

Personalmente encontré la llave para salida a través de la Palabra de Dios. Durante muchos años padecí de esta atadura, consulté a muchos siquiatras, y estuve internada en varios hospitales psiquiátricos a causa de este mal y de las personalidades múltiples. Pero en el año 1987 recibí liberación y abandoné ese estilo de vida.

Por esa razón puedo comprender a los desesperanzados, ya que yo viví esa experiencia. Todo lo que otros llamarían bendición, no parecía serlo para mí. La depresión y la tristeza habían aprisionado mi corazón. Ni el psicólogo o el psiquiatra podían comprender cómo me sentía. Ingería medicación muy fuerte como si fueran caramelos de chocolate, sin embargo, no encontraba la salida. Finalmente entendí que solamente Dios podía revertir esa situación.

Cuando los recursos financieros invertidos en mi salud sociológica llegaron a $52,000 (E.U.A.)—, gastados en siete diferentes psiquiatras y diversos hospitales— los médicos dijeron que ya no podían ayudarme. Los estudiosos reconocieron que no lo lograrían, entonces Dios comenzó a actuar.

El temor a Jehová

En aquel tiempo el Señor me llevó a leer en su Palabra, lo siguiente:

> "¿Quién es el hombre que teme a Jehová? Él le enseñará el camino que ha de escoger. Gozará él de bienestar, y su descendencia heredará la tierra. La comunión íntima de Jehová es con los que le temen, y a ellos hará conocer su pacto."
>
> —*Salmo 25:12-14*

Cuando recibí liberación, comprendí que el temor de Jehová beneficiaba mi vida. El primer beneficio de temer a Jehová es: "*Él le enseñará el camino que ha de escoger*". La clave era el temor a Jehová en nuestra vida. Como consecuencia de ello Él nos enseñará el camino que debemos escoger. Todo el que está deprimido experimenta cierto nivel de confusión. No sabe para dónde ir, qué decisión tomar. Pero cuando usted teme a Jehová, Él le enseña el camino.

El segundo beneficio es "*el gozo del bienestar*". El temor a Jehová nos marca el camino y nos lleva a disfrutar del bienestar. La Palabra nos habla de "gozo", que es un elemento fundamental para la vida, de bienestar y prosperidad.

El tercer beneficio es que "*nuestra descendencia heredará la tierra*". La bendición no será solamente para nosotros sino también para nuestros hijos.

El cuarto beneficio del temor a Jehová es: "*La comunión íntima de Jehová es con los que le temen, y a ellos hará conocer su pacto*". Si usted está buscando esa comunión íntima con Jesús, necesita el temor de Jehová en su vida, porque entonces Él le permitirá conocer su pacto.

Para que un corazón herido tenga esperanza es necesario que comprenda el temor de Jehová.

> "Ahora, pues, Israel, ¿qué pide Jehová tu Dios de ti, sino que temas a Jehová tu Dios, que andes en todos sus caminos, y que lo ames, y sirvas a Jehová tu Dios con todo tu corazón y con toda tu alma; que guardes los mandamientos de Jehová y sus estatutos, que yo te prescribo hoy, para que tengas prosperidad?"
>
> —*Deuteronomio 10:12-13*

1. Temer a Jehová

La primera de las claves que Dios nos da para tener un corazón lleno de gozo y disfrutar de los beneficios que nos otorga el Señor Jesús, es el temor a Jehová, nuestro Dios.

2. Andar en sus caminos

La segunda clave para la esperanza del corazón herido es "*andar en todos sus caminos*".

Cuando caminamos tras sus pasos entonces tenemos victoria. Cuando transitamos caminos errados entramos en territorio del enemigo y somos heridos. En esa senda encontramos al enemigo con un recipiente de sal para echarla a nuestras heridas, y evitar que nuestro corazón sane.

El proceso de la herida del alma es similar al de una pequeña lastimadura en la piel. Cuando comienza a cicatrizar se forma una pequeña capa de piel que la cubre, pero el diablo disfruta arrancándola, para que la llaga vuelva a estar expuesta al aire, a la infección. Suele hacer este trabajo por medio de personas, situaciones, roces y conflictos.

Sin embargo, cuando andamos los caminos de Dios podemos alcanzar la restauración.

3. Amar a Dios

El mismo versículo 12 nos declara la tercera llave, que dice: "*y que lo ames*". Al transitar los caminos de Dios es fácil amarlo. Cuando estamos enojados es difícil expresar el amor a Dios, buscar Su rostro y querer ver Su gloria.

Tuve la oportunidad de ministrar a personas que dijeron: "Estoy enojado con Dios. Me siento tan frustrado por mi situación que me odio a mí mismo y a aquellos que me han herido".

Esta persona había perdido la esperanza y el odio se había instalado en su corazón. Cuando esto sucede, entonces se pierde el amor. En una relación de noviazgo se tiene la esperanza de casarse, de ver los sueños realizados. Esa esperanza está tan viva en el corazón, que cultivará sentimientos de amor. Los sueños dan esperanza al corazón y esto produce sentimientos mayores hacia aquel que me anima a soñar.

A veces es difícil expresar amor hacia Dios porque las

barreras de nuestra mente lo impiden. Existen fortalezas mentales que nos hacen pensar que Dios nos hizo daño, que quiso lo peor para nuestra vida, y eso es mentira del diablo. Si esto sucede, es que estamos pereciendo por falta de conocimiento, como dice la Palabra. No conocemos las promesas de Jehová. Por esa razón es importante conocer la Biblia.

También es difícil amarle cuando otras cosas ocupan el lugar del Señor en nuestro corazón. Desperdiciamos el tiempo que debemos dedicarle a Dios, y lo invertimos en terrenos infructíferos. Sin embargo, el tiempo de buscarlo a Él y darle prioridad, es el que nos permite sentirnos mejor física y mentalmente.

Exprese su amor al Señor encontrándose con Él en los momentos en que usted esté más fresco y relajado. Eso es darle la prioridad del tiempo a Dios.

4. Servir a Dios

La cuarta llave es "*que sirvas a Jehová tu Dios con todo tu corazón y con toda tu alma*".

Al decir alma, esto incluye las emociones. Usted debe servir a Jehová con todo su ser. Pero para hacerlo, debe estar despierto, debe sentir deseos. Si el alma está fatigada, débil, frustrada, herida, no puede "servir a Dios". Necesitamos que nuestra alma esté sana de heridas, de recuerdos, de traumas, para luego poder compartir con aquellos que viven sin esperanza, que ya no pueden vivir a causa de la carga emocional que están soportando. Aunque anhelan servir a Dios con todo el corazón, su alma está afectada.

5. Guardar los mandamientos

En el versículo 13 encontramos la última respuesta al alma herida: "*que guardes los mandamientos de Jehová y sus estatutos*".

Cuando no guardamos los mandamientos de Dios, entramos en rebeldía y sentimos que el amor hacia las cosas de Dios se enfría. Protestamos, nos sentimos ofendidos, y decimos: "¿Qué nos pasa? ¿Por qué no honramos Su gracia, Su misericordia?".

Los síntomas de esta rebeldía son:

- El corazón frío
- Amor frío
- Espíritu crítico
- Juzgar a los demás
- Envidia
- Celos
- Queja constante
- Sin deseos de servir
- Ofendido
- Enojado
- Otros...

Estas señales se transforman en pecado cuando se instalan en el corazón. Si le sucede esto, necesita arrepentirse y pedir perdón al Señor. El orgullo contamina el corazón y afecta su vida y su relación con Dios y Su Palabra.

Cuando amamos a Dios queremos guardar Sus mandamientos, servirle, andar en Sus caminos. Pero el orgullo impide que todo esto ocurra. Junto con el orgullo trabaja su hermano mellizo: "el ego". Ellos siempre tratan de contaminar la actitud de nuestro corazón trayendo confusión. Rompen nuestros sueños y esperanzas.

"*Porque Él engrandeció su misericordia sobre los que le temen*". Si desea alcanzar las bendiciones de Dios sobre su vida, entonces debe buscar de Él.

Proceso de restauración

> "Sobre toda cosa guardada, guarda tu corazón, porque de él mana la vida".
>
> —*Proverbios 4:23*

Nuestro sabio Señor nos advierte sobre la importancia de cuidar nuestro corazón, porque en él nacen los deseos de vivir y es allí donde se conciben nuestros anhelos. La fuente de la vida está en el corazón.

En capítulos anteriores hemos aprendido a cerrar las puertas abiertas de nuestro corazón. Es importante detenernos a pensar qué cosas permitimos que ingresen a nuestro corazón, ya que eso afectará nuestra vida para bien o para mal.

En muchas oportunidades Dios intentó reparar el rompecabezas de nuestro corazón a través de la restauración, pero en el proceso de armarlo, cuando ya casi finalizaba, vino alguien y lo desarmó.

Al encontrarnos nuevamente heridos, sentimos que la tierra nos traga, como si a nadie le importara lo que pensamos. Nos sentimos abandonados por las personas que nos aman. Nuestros sueños están rotos.

La esperanza está conectada con los sueños. Las mujeres, desde niñas, sueñan con tener un hermoso hogar, con hijos saludables, una bella casa. Pero cuando el tiempo transcurre se encuentran con hijos en caminos equivocados, llenos de rebeldía, y un esposo que se fue del hogar. El sueño que de niña fabricó en su mente y su corazón, se ve destruido.

La frustración lleva a la mujer a buscar la aprobación de los demás, pero tarde o temprano cae en otra relación similar, parecida a la primera. Vuelve a sentirse abusada y maltratada, y su corazón se rompe otra vez.

Pero, ¿por qué cayó en la misma trampa? ¿Es que acaso no aprendió la primera vez? El espíritu de fracaso viene sobre esa vida atormentando su mente, su corazón, haciéndola pensar distorsionadamente. Al no estar alineada con la Palabra, cree las mentiras que el enemigo le impone.

Las mentiras del diablo

> "Seis cosas aborrece Jehová, y aun siete abomina su alma: Los ojos altivos, la lengua mentirosa".
>
> —*Proverbios 6:16-17*

La verdad nos permite caminar en integridad para que el corazón sea sanado. Jehová aborrece la mentira.

Si el espíritu de fracaso ganó terreno en usted, y se siente fracasado, debe preguntarse si hay mentiras en su vida, si el enemigo le ha robado ese territorio de integridad. Porque otra de las cosas que aborrece Jehová se menciona en el versículo 19 de Proverbios 6:

> "El testigo falso que habla mentiras, y el que siembra discordia entre hermanos".

Hay muchos que sirven en el ministerio y son chismosos que siembran discordia entre hermanos. Luego se preguntan por qué nunca alcanzan victoria. Es que no hay en ellos poder ni autoridad que el enemigo respete.

Cuando intentan echar fuera al demonio, éste no obedece. Cuando los dardos y los malos pensamientos llegan no pueden echarlos fuera de su mente, porque hay una puerta abierta que el enemigo utiliza para tomar terreno.

¿Hay mentiras en su vida? ¿Ha sido testigo falso o sembró discordia entre los hermanos? De ser así, necesita arrepentirse. Debe cerrar esa puerta para hallar lo que el Señor quiere darle, y así encontrar Su presencia.

Hay puertas que se abren por decisiones de la voluntad y afectan la manera y el estilo de vivir. El arrepentimiento y el camino de la obediencia llevan a la victoria.

La Palabra sanadora

> "Hijo mío, está atento a mis palabras; inclina tu oído a mis razones. No se aparten de tus ojos; guárdalas en medio de tu corazón; porque son vida a los que las hallan, y medicina a todo su cuerpo".
>
> —*Proverbios 4:20-22*

El Señor nos recomienda no apartarnos de Sus palabras y que las guardemos en el corazón. Esa es un punto importante, la Palabra de Dios lleva sanidad al corazón, lleva vida y medicina a todo su cuerpo.

No obstante, el versículo 24 agrega: "Aparta de ti la perversidad de la boca, y aleja de ti la iniquidad de los labios".

Debemos cuidar nuestra boca de toda perversidad e iniquidad. Si hay mentira o falta de integridad en nuestros labios, eso puede afectar la manera en que pensemos o veamos las cosas.

La ira y la tentación

Muchas veces las heridas del corazón no cicatrizan por falta de perdón, y aunque la persona lo intenta, no logra perdonar y aún siente deseos de venganza. Esos síntomas son parte de un espíritu de ira que deshonra el amor y el perdón de Dios.

El espíritu de ira entra a una vida como zorras pequeñas que entran en las viñas, de las que nos habla Cantar de los Cantares 2:15.

La ira invade de poco a poco una vida. Cuando se da cuenta, ya contaminó su vida y usted comienza a ceder áreas. La ira es la puerta abierta a un sitio del corazón que debe ocupar solamente Dios.

Cuando ministro liberación, detecto que la persona que está herida en su corazón tiene confusión en su mente. La confusión permite el ingreso de la tentación más sencillamente. Aunque sea fuerte físicamente y crecido en su nivel espiritual, el poder seductor del enemigo lucha en su mente contra su alma.

Hay distintas formas de tentación: alcohol, drogas, prostitución, pornografía, o distintas formas de complacer la carne. Batallas contra el orgullo, la ira, los celos, el resentimiento, la lascivia, o la lujuria.

Un perfecto ejemplo es Sansón. Era un hombre fuerte, sin embargo, cayó en la trampa del enemigo, en una forma sutil de tentación, poco a poco. Hay un refrán en inglés que dice: "La oportunidad llama una vez, pero la tentación está recostada descansando en el timbre de la puerta".

La tentación llama a la puerta hasta que usted se canse y finalmente le abra. Sin embargo, la oportunidad positiva llama sólo una vez. ¿Cuántas veces perdemos la oportunidad de alcanzar los sueños, el propósito de Dios, porque caemos en la tentación?

El diablo nos coloca cáscaras de plátano en el camino para que resbalemos y caigamos. A Sansón caer en la tentación le costó mucho más que su cabello y su fuerza, le significó perder su destino y el propósito de su vida.

Tarde o temprano, distraer nuestro tiempo al entretenernos con cosas que no agradan a Dios, nos llevará a una muerte espiritual. Cuando nos aislamos y comenzamos a confiar en nosotros mismos, perdemos la confianza en Dios.

Aniquilar los sueños

El desierto de la soledad es una cueva de privacidad en la que el diablo ataca con la duda. Entonces se comienza a transitar el desierto espiritual, y finalmente se cae en la trampa de Satanás.

El diablo utiliza la soledad para paralizar a la persona y

luego aniquilar sus sueños. De esa manera la esperanza está paralizada, los sueños robados y eliminados los deseos de vivir el destino y propósito de Dios para su vida.

Hay cuatro formas en que el diablo paraliza a una persona:

1. La manipulación: Eso sucedió en la vida de Elías.
2. El temor: Elías temió que Jezabel lo matara.
3. La soledad: Elías huyó para estar a solas.
4. El desánimo o la depresión: Después que Elías huyó, se desánimo.

La soledad de Elías

Los profetas de Baal y Elías acordaron en armar un altar de sacrificio para comprobar el poder de Baal o el de Jehová. Por más que lo intentaron, el altar de Baal no fue consumido. Sin embargo, cuando Elías oró delante de todo Israel, cayó fuego del cielo y consumió el sacrificio del altar.

Parte del trato era que ante el fracaso de los profetas de Baal, Elías los mataría. Y así sucedió, mandó matar a los cuatrocientos cincuenta falsos profetas en el arroyo de Cisón.

Elías buscó nuevamente el rostro de Jehová, oró y anunció que una tormenta caería en Samaria después de tres años y medio que no llovía.

Cuando Dios respaldó a Elías, él tuvo la valentía para enfrentarse a cuatrocientos cincuenta hombres. Sin embargo, una mujer que estaba contaminada tomó control sobre su vida, amenazándolo con la muerte.

Cuando el profeta Elías escuchó que la reina Jezabel quería matarlo, caminó cientos de kilómetros hasta llegar a Judá. El temor lo había acorralado a través de la manipulación de Jezabel. El resultado de esta fuga fue que el profeta terminó bajo un arbusto, solo, cansado y deprimido, pidiéndole a Dios que le quitara la vida.

Caminó durante muchas horas, tiempo suficiente como para que su mente crea la mentira del enemigo. Elías aceptó esa mentira en su corazón. Él olvidó que en días anteriores había visto la gloria de Dios.

Esta historia me enseñó mucho acerca del espíritu de Jezabel. Comprendí que el siervo buscaba ayuda, necesitaba ministración. Aunque conocía del poder de Dios, la duda y el temor habían ingresado a su corazón. Dudó de la protección de Jehová sobre su vida.

Cuando una persona que es manipulada con el temor o con control, —no importa que haya sido parte de grandes milagros de Dios— busca huir y estar a solas. Muchas personas se sienten deprimidas y temerosas como Elías, y buscan la forma de huir de su pasado, de sus recuerdos.

El ministerio de la amistad

Cuando Elías se apartó y se escondió bajo un arbusto, Dios sabía que necesitaba un amigo. Esa fue una de las razones por las que le envió a Eliseo. El primer ministerio de Eliseo fue "ser amigo de Elías".

La Biblia nos enseña que cuando Elías pasó delante de Eliseo, éste reaccionó inmediatamente y dejó su padre, su tierra y su herencia. En aquel tiempo, dejar a la familia era algo muy importante porque era muy unida, y dejó también su herencia que era la tierra. Eliseo sirvió a Elías durante diez años en un ministerio de compañerismo.

Dios lo usó para hacer milagros aún más grandes que los que hizo Elías. Sin embargo, conocemos a Eliseo como el ayudante de Elías.

No podemos estar solos; la soledad es una trampa que el enemigo nos tiende. Debemos salir de ella pidiendo a Dios que nos envíe un amigo o amiga. No me refiero a un matrimonio o a una pareja, sino a un compañero de oración, de viajes ministeriales. Una persona que guarde nuestro corazón, que nos aliente, que comparta los momentos buenos y malos.

Jesús siempre enviaba a sus discípulos de dos en dos. En el arca de Noé, los animales entraron en pareja. Es saludable tener a un amigo ministerial. Entonces, cuando entre la duda, la soledad, el deseo de huir, de dejar la iglesia, esas amistades cristianas lo ayudarán.

Un nuevo corazón

El enemigo sabe que la mejor manera de combatirnos en socavando nuestra alegría e insertando el temor. Todo esto ocurre en manos de su manipulación y finalmente da como resultado el desánimo y la desesperanza. Constantemente lucha por robarnos la fe y el gozo.

El Señor es el Alfarero y nosotros el barro. Él nos da forma en la rueda de la vida. Pero muchos quieren salir de ella porque no permiten que Dios trabaje su vida. En ocasiones, el barro tiene rajaduras tan profundas que no se pueden reparar, deben ser formados nuevamente. El vaso debe ser quebrado y moldeado nuevamente. Dios quiere lo mejor para usted, Él desea que su vida sea un vaso útil para ser usado con un propósito.

> "Levántate, resplandece; porque ha venido tu luz, y la gloria de Jehová ha nacido sobre ti. Porque he aquí que tinieblas cubrirán la tierra, y oscuridad las naciones; mas sobre ti amanecerá Jehová, y sobre ti será vista su gloria. Y andarán las naciones a tu luz, y los reyes al resplandor de tu nacimiento".
>
> —*Isaías 60:1-3*

Capítulo 6

Su propósito y destino

Será como árbol plantado junto a corrientes de
aguas,
Que da su fruto en su tiempo,
Y su hoja no cae;
Y todo lo que hace, prosperará.

—*Salmo 1:3*

Acción de gracias por el favor de Jehová

Te alabaré con todo mi corazón;
Delante de los dioses te cantaré salmos.
Me postraré hacia tu santo templo,
Y alabaré tu nombre por tu misericordia y tu fidelidad;
Porque has engrandecido tu nombre, y tu palabra sobre todas las cosas.
El día que clamé, me respondiste;
Me fortaleciste con vigor en mi alma.
Te alabarán, oh Jehová, todos los reyes de la tierra,
Porque han oído los dichos de tu boca.
Y cantarán de los caminos de Jehová,
Porque la gloria de Jehová es grande.
Porque Jehová es excelso, y atiende al humilde,
Mas al altivo mira de lejos.
Si anduviere yo en medio de la angustia, tú me vivificarás;
Contra la ira de mis enemigos extenderás tu mano,
Y me salvará tu diestra.
Jehová cumplirá su propósito en mí;
Tu misericordia, oh Jehová, es para siempre;
No desampares la obra de tus manos.

—Salmo 138:1–8

6

> "Para que el Dios de nuestro Señor Jesucristo, el Padre de gloria, os dé espíritu de sabiduría y de revelación en el conocimiento de él, alumbrando los ojos de vuestro entendimiento, para que sepáis cuál es la esperanza a que él os ha llamado, y cuáles las riquezas de la gloria de su herencia en los santos".
>
> —*Efesios 1:17-19*

Nuestra mente está siempre pensando en algo, y en ocasiones, repasando preguntas y fracasos. Mientras que mi cuerpo estaba ocupado, aprendí a reprogramar mi mente con la Palabra del Señor, adorando e intercediendo. Recordé varias preguntas que hace años le hice al Señor, y luego el Espíritu Santo me pidió que las incluyera al principio de este capítulo, junto con una carta que Él me dio para mí y quizás son palabras para usted también.

A veces cuando el Espíritu Santo habla, y nosotros escribimos los que nos dice, tenemos el beneficio de poder repasar Sus palabras en otras ocasiones de nuestra vida. Después de mucha oración sentí que necesitaba obedecer al Señor e incluir esta carta en el Apéndice B del libro. Quizás el Espíritu Santo quiera utilizarla para ministrar a su vida. *(Si este estilo que el Espíritu Santo usa para hablar es algo nuevo para usted, o lo hace sentir incomodo, no lo aplique a su vida.)*

Debía comenzar buscando más de Dios

Si el Señor nunca le ha hablado directamente con una voz casi audible, o nunca ha tomado papel y lápiz para escribir cuando Él habla, hágalo hoy. Es una experiencia única de intimidad con el Espíritu Santo y un encuentro con Él como persona.

El intercesor que busca su fuerza para pararse en libertad frente a Satanás y sus maniobras, sella la Palabra de Dios diariamente sobre su corazón y mente. Después de hacer esto, busca tiempo de intimidad y soledad con el Espíritu Santo.

Quizás frente a su estilo de vida usted dirá: "No tengo tiempo para eso. Mi llamado no es ser intercesor". Sin embargo, debe saber qué todos fuimos llamados a ser personas de oración. Parte del proceso de oración es aprender a escuchar Su voz, conversar con Él.

El intercesor que encuentra la huella de Dios en su vida, aprendió a escuchar Su voz claramente. Tiene intimidad con el Espíritu Santo y busca conocerlo más hasta hallar el propósito para su vida.

La comunión íntima con Jesús debe ser prioritaria en su diario vivir. Hay personas a las que conozco y amo, que están derrotadas, deprimidas y dolidas, pero no lo suficientemente como para orar.

Si usted se siente desesperado y le falta la abundancia espiritual, quizás deba formularse algunas de las preguntas que yo me hice hace algunos años. A través de ellas pude reflexionar acerca de mi estilo de vida, y comprender que para buscar un cambio en mi vida debía comenzar buscando más de Dios.

Mis interrogantes y quejas eran: *¡Sácame de esta rueda del alfarero! ¿Por qué estoy aquí? ¿Con qué propósito el alfarero hizo mi vasija? ¿Puede usarme Dios con tantos defectos? ¿Qué planes tiene con esta vida tan complicada, y cuándo tendré tiempo de cumplirlos? ¿Por qué no tengo tiempo de estar a solas con Él? ¿Por qué encuentro mi vida tan difícil? El diablo sigue torturándome como un monito con propósitos de gorila, ¿Cómo me lo quito de encima? ¿Cómo encuentro mi destino y mi llamado? ¿Tendré* *talentos para usar en el camino hacia mi destino? Tengo pasión por muchas cosas, pero ¿por qué me falta pasión por Jesús? ¿Estaré fuera de la voluntad de Dios? Espíritu Santo: ¿cómo llego a conocerte como mi Dios?*

¿Por qué las puertas de la oportunidad se cierran delante mí? ¿Cómo sé si la puerta de oportunidad que se abrió es parte del propósito de Dios para mi vida? Si tengo más de un propósito de Dios, ¿por qué no entiendo cuando estos propósitos cambian? ¿Cuál es la diferencia entre un propósito y un llamado de Dios? ¿Tengo que ser ministro dedicado a tiempo completo a la obra para que Dios me pueda usar? ¿Podré ser llamada por Dios, y seguir en mi trabajo secular?

¡Por favor, quédate Señor, y contesta mis preguntas! Necesito respuestas.

Esta ha sido mi oración. Pero ese precioso día, 13 de enero del año 2001, el Espíritu Santo respondió las preguntas que estaban pendientes a través de una carta que Él mismo me la dictó hablándome en español por primera vez. Supe que era Él, no tuve dudas.

Esa noche mi pluma corría muy rápido. Traté de escribir cada una de las palabras, según las iba escuchando. Consciente del privilegio de escuchar Su voz audible, las lágrimas llenaron mis ojos.

Con temor de Dios, obedezco Sus órdenes de compartir con usted esta carta, tal cuál Él me la dio. Sabiendo que puede traer pregunta a la mente del lector o contestar las preguntas que algunos le han hecho al Espíritu Santo. Sea a Jesús toda la honra y gloria, por lo que estas palabras representan para mi vida, y para los miles que la leerán. Esta carta se encuentra en el Apéndice B, al final del libro.

¿Por qué fuimos creados?

Dios nos creo con un plan y un propósito. Hay personas que pasan la vida entera buscando el plan de Dios y preguntándose si tienen un llamado de Dios. Hay otros que creen que solamente los que sirven a Dios tiempo completo son los que tienen un llamado. Necesitamos entender que Dios tiene diferente tareas y agendas para sus hijos: unos ocupados en el ministerio, otros en trabajos seculares, y algunos en sus hogares criando los hijos y atendiendo la familia. Todos, en algún momento de nuestra vida, nos preguntamos ¿por qué fuimos creados? y, ¿para qué? La respuesta a esas preguntas o algunas similares, pueden inspirarlo a buscar de Dios para encontrar su llamado y tarea, para cumplir los propósitos de Dios en su vida.

El plan de Dios para una vida comienza en el llamado. Allí es donde se encuentra la unción. Necesitamos de ella para poder cumplir con nuestro llamado. Si camina en el propósito de Dios y es obediente a Él, la encontrará. Hay una unción especial que Dios entrega cuando caminamos en nuestro llamado y en los propósitos de Dios para nuestra vida. La oración ayuda a identificar nuestro llamado, y la falta de oración trae confusión sobre el plan de Dios para nuestra vida y nuestro llamado.

Confundir el llamado de Dios

Podemos confundir el llamado de Dios de varias maneras:

1. Identificando un talento que tenemos como una posibilidad de bendición monetaria y utilizarlo en lugares que no agradan a Dios.
2. Comprometerse a usar Su talento porque fue confrontado con una necesidad. Sabe que fue manipulado para utilizar ese talento, pero en su corazón reconoce que está fuera de la voluntad de Dios.
3. Confundir un talento con una pasión por algo.

4. Involucrarse en algo que lo apasiona y olvidarse del plan de Dios.
5. Decidir de qué manera desarrollará su talento y sabiendo que eso es contrario a su llamado.
6. Ponerle a una oportunidad temporaria para servir, un letrero que dice: "Mi llamado".
7. Adorando ídolos que lo distraen del camino a su propósito.
8. Ponerse una máscara para servir a Dios.
9. Vivir una vida con pecados ocultos.
10. Un bajo nivel de integridad.
11. Creer que el llamado de Dios es solamente para los que están sirviendo en el ministerio a tiempo completo.
12. No reconociendo autoridad ni los diferentes mantos que Dios puso en el liderazgo.
13. Abandonando los principios bíblicos.
14. Desobedece la voz de Dios.
15. Permanecer en la mentira, ya sea por vicio o descuido, trae confusión y duda a su mente acerca del plan y llamado de Dios.
16. Convertirse en una persona egocéntrica y dejar de depender totalmente del Espíritu Santo para guiar, motivar y enseñar.
17. Sustituyendo el tiempo de intimidad con el Señor por más actividades en la iglesia.
18. Permitiendo que alguien controle nuestra agenda de trabajo o tiempo personal. Falta de límites y barreras.
19. No saber los propósitos de Dios para nuestra vida.
20. No entender los cambios de prioridad en nuestro diario vivir.

Llamados con propósito

Estos ejemplos acerca de cómo confundir el llamado de Dios, nos ayudan a identificar un desvío en el destino de una persona. Esta lista de referencia nos guía frente a un posible extravío de nuestro llamado.

Utilícela para ayudar a un amigo demostrándole que si corrige algunas áreas puede ingresar en el perfecto llamado que Dios tiene para su vida.

Aunque usted entienda que su propósito como ser humano es importante, comprender el propósito de Dios, le otorgará la prioridad que corresponde:

a) Ser formados conforme al carácter de Cristo.

> "Porque a los que antes conoció, también los predestinó para que fuesen hechos conformes a la imagen de su Hijo, para que él sea el primogénito entre muchos hermanos".
>
> —*Romanos 8:29*

b) Llevar gloria a Dios.

> "En él asimismo tuvimos herencia, habiendo sido predestinados conforme al propósito del que hace todas las cosas según el designio de su voluntad, a fin de que seamos para alabanza de su gloria, nosotros los que primeramente esperábamos en Cristo".
>
> —*Efesios 1:11-12*

Cuando crecemos en carácter como Cristo, necesitamos saber cómo establecer prioridades. Algunos de nuestros propósitos en la vida pueden cambiar cuando sucesos importantes nos ocurren. Sin embargo, el principal propósito de Dios para su vida no cambia. Siempre será dar gloria a Dios, y ser cada día más como Cristo.

Por ejemplo, un hombre soltero comprende cuál es el propósito para su vida. Camina en su llamado, pero su destino incluye ser bendecido con una esposa. Al casarse, un nuevo propósito es agregado a su vida: amar a su esposa como Cristo amó a la iglesia. Al ser padre, otro propósito es agregado, enseñarle a su hijo a amar a Dios como principio de vida (Deuteronomio 6:5).

Aunque a lo largo de la vida hayamos atravesado varios propósitos, los cuales marcaron diferentes situaciones, el destino siempre fue el mismo.

Cuando Dios le muestra el plan especial para su vida, entonces usted descubrirá situaciones que relacionará con eventos personales. Entonces comprenderá el plan de Dios que hasta ese momento no había entendido, y sus necesidades de amor y seguridad serán satisfechas.

> "Porque somos hechura suya, creados en Cristo Jesús para buenas obras, las cuales Dios preparó de antemano para que anduviésemos en ellas".
>
> —*Efesios 2:10*

Efectividad en nuestra oración

Dios promete revelarnos el plan para nuestra vida en el Salmo 32:8, donde dice: "*Te haré entender, y te enseñaré el camino en que debes andar; sobre ti fijaré mis ojos*".

La Biblia nos enseña que debemos orar unos por otros, para que seamos sanados. Ya que la oración eficaz del justo puede mucho.

El plan de Dios se revela mediante la oración y la aplicación de la enseñanza que se encuentra en el mismo texto de Santiago 5:16: la confesión de pecados.

"*Confesaos vuestras ofensas unos a otros, y orad unos por otros, para que seáis sanados. La oración eficaz del justo puede mucho"*.

Los beneficios de confesar sus pecados e interceder por otros lo ayudarán a caminar en integridad y justicia. Aunque muchos ya conocen esta enseñanza, en ocasiones cuesta trabajo practicarla. Cuando queremos aumentar el nivel de efectividad en nuestras oraciones, necesitamos aumentar el nivel de integridad. Al hacerlo, usted se gozará en el Señor.

Cuando el Señor nos otorga los deseos de nuestro corazón, nos confirma su cuidado, su amor y sus propósitos. "Deléitate asimismo en Jehová, y él te concederá las peticiones de tu corazón" (Salmo 37:4).

Es hermoso ver lo que Dios hace *por* nosotros, pero es más importante reconocer lo que hace *a través* de nosotros.

Debemos estar listos para que Él nos use. Su poder fluirá a través de su vida, y milagros ocurrirán en aeropuertos, restaurantes, o donde Dios lo desee. Estar listo para servir y para ser usado por Dios, es parte de completar su destino. Para esto, necesitamos meditar en la Palabra de día y de noche, y veremos cómo nuestro camino prosperará (Josué 1:8).

El deseo de meditar en Su Palabra crecerá al entender que puede descubrir el plan de Dios para su vida leyendo la Biblia (Salmo 119:15-16).

El camino al plan de Dios

La suma de lo citado anteriormente es el camino al plan de Dios para su vida que se verá reflejado en bendiciones. Vivir la voluntad de Dios en obediencia, le permitirá descubrir nuevas oportunidades.

La obediencia atrae las bendiciones. Esto incluye ser obediente al caminar en el llamado. Muchos oyeron el llamado de Dios, saben cuál es el propósito de ese llamado, pero decidieron no transitarlo. La rebeldía los paralizó. La obediencia al cumplir con Su llamado traerá dirección de

Dios en todas las circunstancias que usted enfrentará.

> "Muchos pensamientos hay en el corazón del hombre; mas el consejo de Jehová permanecerá".
> —*Proverbios 19:21*

El consejo de Jehová nos guiará y enseñará a esperar los tiempos correctos. Las puertas se abrirán en el perfecto tiempo de Dios y eso dará comienzo a una nueva etapa. El tiempo de espera en Dios no es un período de ocio. El Salmo 27:14 nos enseña lo siguiente: "Aguarda a Jehová; esfuérzate, y aliéntese tu corazón; sí, espera a Jehová".

Cuando esperamos en Dios, Él dirige nuestros pasos. La Palabra nos dice que "de Jehová son los pasos del hombre, ¿Cómo, pues, entenderá el hombre su camino?" (Proverbios 20:24). En nuestra vida ocurren muchas cosas que nunca comprendemos. Pero este proverbio nos enseña que Dios es quien conduce nuestros pasos y demuestra que es inútil intentar comprender todo lo que sucede en nuestra vida. A la vez, esto debe darnos tranquilidad porque sabemos que Él está a cargo y en control de todo.

Trampa de manipulación y abuso espiritual

Al comprender que solamente Dios es quien dirige nuestros pasos, debemos tener en claro que nadie más debe señalarnos un supuesto llamado que sólo Dios debe realizar. Existen personas que creen ser dueños de nuestros pasos y tratan de controlarlos: esto se llama manipulación.

Hace algunos años, un pastor trató dictar mi caminar y controlar el plan de Dios para mi vida. Sin pensarlo, caí en una trampa de manipulación y abuso espiritual. Según él, mi llamado no era a predicar a las naciones, y mucho menos, a escribir un libro. Él creía saber mejor que Dios cuál era mi llamado, y lo que es peor, él mismo lo había diseñado.

¿Cómo darse cuenta de la manipulación y los consejos erróneos? Si comparamos lo que nos han dicho con lo que dice la Biblia y no hallamos una alineación correcta, no podemos aceptarlo. A través de la Biblia podemos examinar todo, y si lo que le dijeron no se alinea con ella, no lo acepte ni lo escuche.

Si me hubiera guiado por los consejos de esta persona, nunca hubiera asistido a una reunión del pastor Benny Hinn, y me hubiera salido del camino de la bendición y de mi llamado. Pero me dejé guiar por la voz del Espíritu Santo.

Dios permitió que asista a doscientas cincuenta y siete cruzadas de milagros. Cada una de ellas fue de gran bendición para mi vida. Luego de noventa viajes a través de cinco continentes, como voluntaria en el ministerio del pastor Benny Hinn, vi la gloria de Dios. De no haber ido, hubiera perdido tantas experiencias que hoy escribo para usted.

Cuando Dios nos envía a un lugar, Él abre la puerta y la confirmación de ese llamado no traerá dudas a su corazón, porque Él le dará paz. Si Él lo envía, también le dará Su provisión. Dios usará personas o circunstancias para llevar bendición a su vida. Él quiere hacerlo.

También cruzaron por mi vida personas que me aconsejaron que nunca debía comentar que fui víctima de los altares satánicos. ¡No me considero una víctima sino una sobreviviente victoriosa! Según ellos, no tenía que hablar de mi pasado, porque eso daría gloria a Satanás. Sin embargo, cada vez que compartí mi testimonio, ya sea a través de este libro, o de muchos programas de televisión, siempre fue de bendición para muchos. Dios siempre usó esto para recordarme Su gracia.

De todos modos, no doy detalles de mis experiencias pasadas dentro del satanismo. Muchas veces mencionar situaciones específicas ayudan a otros que también fueron víctimas de trampas de Satanás y sus destinos están paralizados porque han sido abusados emocional, física, sexual, y espiritualmente.

En determinados casos, la información en detalle de nuestro pasado puede no ayudar, pero en la correcta circunstancia, como enseñanza y testimonio, es de bendición para alguna vida. Muchas veces, exponer mi testimonio frente a alguien que ministro, la ayuda a abrir su corazón y descubrir que quien le ministra atravesó una situación similar y Dios le rescató de ese hoyo. Durante la ministración de una vida atada, compartir un testimonio de victoria comunica compasión por la persona ministrada, e irrita al campo del enemigo. Es tan importante ministrar con compasión porque comunica el amor de Dios, el arma más fuerte que tenemos contra Satanás. El diablo engaña a la persona haciéndole creer que está atada, viviendo sin propósito de Dios y con destino paralizado.

Todos estos supuestos consejos, muchas veces provienen de personas que amamos y que creen que modificarán nuestro llamado.

Estancados en su destino

Hay personas que frente a su llamado no creen que sea posible que puedan recibir una bendición de Dios en el camino de su destino. Tienen un pasado tan desagradable que no se sienten dignos de recibir algo bueno. Esas personas tienen problemas en recibir, no solamente de Dios, sino de cualquier persona. Miran su pasado, viven en el ayer y no miran al futuro. Les falta visión para observar el futuro. Se estancan en su destino. Para no caminar en su llamado algunos utilizan su pasado como excusa. Pero Dios dice al respecto: "No os acordéis de las cosas pasadas, ni traigáis a memoria las cosas antiguas. He aquí que yo hago cosa nueva; pronto saldrá a la luz; ¿no la conoceréis? Otra vez abrirá camino en el desierto, y ríos en la soledad" (Isaías 43:18-19).

Cuando Dios trae un cambio grande a nuestra vida, también nos entrega un propósito nuevo como parte de Su plan total. No debemos temer a los cambios que provienen de Dios. El temor siempre toca a la puerta de nuestro corazón cuando enfrentamos algo desconocido y diferente. Pero, si Cristo está en nosotros, no debemos permitir que entre el temor. La confianza en Dios y en su guía, nos permite caminar en nuestro llamado.

María Woodworth-Etter: Sierva de Dios

Las historias de los grandes líderes de Dios son asombrosas. En ellas podemos encontrar tremendas enseñanzas para la vida. Ese es el caso de la vida de María Woodworth-Etter. En un relato sobre su vida se la describía de la siguiente manera: "Desde el libro de los Hechos, no hubo una persona que mostrara mejor el Espíritu de Dios en la historia pentecostal, que María Woodworth-Etter. Nació en 1844, en una granja en Lisbon, Ohio y "nació de nuevo" al comienzo del Tercer Gran Avivamiento, a la edad de 13 años. María escuchó inmediatamente el llamado del Señor y le dedico su vida. Por lo tanto, decidió que tendría que casarse con un misionero para cumplir con su llamado.

Durante la Guerra Civil, conoció a P.H. Woodworth, que había regresado de la guerra a su casa con licencia a causa de una herida en la cabeza. Después de un breve e intenso noviazgo, María se casó con el ex-soldado. Juntos se dedicaron a trabajar en la granja, pero sus labores no producían fruto. Parecía que todo fracasaba. Con el paso de los años, María se convirtió en madre de seis hijos, y trató de establecerse en una vida de hogar normal, mientras el Señor continuaba llamándola. El hombre con el que se había casado no tenía deseos de estar en el ministerio, tenía seis hijos que criar, y era de constitución enfermiza. Entonces, una verdadera tragedia sacudió su hogar. Los Woodworth perdieron a cinco de sus seis hijos a causa de diversas enfermedades. En medio de todas estas luchas,

María jamás sintió amargura hacia Dios, ni su corazón se endureció como resultado de sus perdidas. Ella comprendió que jamás sería feliz hasta que respondiera al llamado. Si María hubiera accedido desde su juventud, posiblemente sus hijos no habrían muerto. No digo que Dios haya matado a sus hijos. Pero si desobedecemos directamente a Dios, nuestras acciones abren la puerta a la obra del diablo. Su obra es destruir; la obra de Dios es dar vida".[1]

¿Qué debemos hacer para saber la voluntad de Dios?

Nosotros escogemos si queremos cumplir el llamado o distraernos con otras cosas que deseamos hacer. Todos enfrentamos situaciones en las que tenemos que tomar una decisión entre lo que debemos hacer y lo que deseamos hacer. Si a pesar de lo que surge en el camino, obedecemos a nuestro llamado, nos sentiremos completos como personas.

¿Qué debemos hacer para saber la voluntad de Dios? Todos queremos saberla, especialmente cuando debemos tomar decisiones que afectarán nuestro futuro. Al tomarlas con sabiduría, escogeremos el mejor camino. Debemos orar para que Dios nos dé sabiduría. "Y si alguno de vosotros tiene falta de sabiduría, pídala a Dios, el cual da a todos abundantemente y sin reproche, y le será dada" (Santiago 1:5).

Tenemos que rendirnos totalmente a Dios todos los días y entregarle todo lo que somos. "*Cada día muero*", dijo el apóstol Pablo (1 Corintios 15:31). Ningún hombre puede reconstruir o ajustar su llamado.

En mi caso personal, si no hubiera seguido el camino correcto hacia el llamado de Dios para mi vida, nunca hubiera visto llegar a Cristo a miles de almas como resultado de mis predicaciones.

Letreros luminosos en nuestra mente

Las grandes luchas espirituales se libran en la mente: qué

debo hacer, cómo debo comportarme, y qué buscar para encontrar mi destino y limpiar mi vida para llegar a ser un vaso que Dios pueda ungir y usar.

Las batallas de la mente surgen frente a los conceptos sobre ciertas circunstancias o por ataques del enemigo. Las mentiras del diablo se transforman en argumentos creíbles y los aceptamos. Pero, cuando podemos identificar esa mentira y reemplazarla dentro de nuestra mente y corazón con lo que dice la Palabra, seremos libres de esas fortalezas. Esas mentiras que a veces creemos, afectan nuestra hambre hacia la búsqueda de Dios.

Muchas batallas son ganadas o perdidas en nuestra mente. Allí el enemigo distorsiona nuestros pensamientos y afecta nuestro destino. Las palabras que escuchamos o leemos se convierten en letreros luminosos en nuestra mente y se iluminan cuando transitamos el camino de nuestra vida. Estos letreros pueden guiar, desviar, y hasta paralizar, cuando caminamos en nuestro llamado.

Punto de peligro

En la base Edwards de la Fuerza Aérea de los Estados Unidos, las calles tienen nombres de pilotos que probaron aviones a límites extremos y fracasaron en su intento. Esos carteles identifican a los pilotos que fueron valientes y dieron su vida. Ellos pagaron el precio de aprender y servir con su propia vida. El mensaje trasmitido por ellos deja una enseñanza.

Durante un programa de televisión en los Estados Unidos, un aspirante a piloto dijo: "Esos carteles nos recuerdan que tenemos que hacer las cosas de una manera correcta". ¿Hay carteles en el camino de su vida que le recuerdan que debe hacer las cosas de manera correcta?

Los pilotos prueban aviones a velocidades extremas y están conscientes del peligro. El conocimiento, entrenamiento y experiencia, son las credenciales que esos pilotos presentan para ser parte de esos costosos experimentos. Pero hay un punto de peligro, donde si el piloto se pasa de cierta altura a determinada velocidad, pierde el conocimiento. Muchos encontraron la muerte cuando pasaron ese límite. Perdieron el control de su vida y de su avión.

Límites de vivir a alta velocidad

Diariamente encuentro personas que viven en constante riesgo. Corren los límites y quitan las barreras que Dios ha puesto. La presión social, el estrés y las agendas llenas los obligan a correr a esa velocidad. Necesitan resultados rápidos, estilo microondas, y no tienen tiempo para orar. Otros no tienen espacio en sus agendas para poder desarrollar una relación intima con el Espíritu Santo, y vivir tiempo a solas con Él.

Dios nos entrega cosas que valen más que un avión de alta tecnología para que podamos ministrar. Debemos ser conscientes de ello y como esos pilotos, volar con sabiduría.

Todo piloto antes de volar revisa el avión. Esto es parte de la enseñanza. Antes de salir al camino, tenemos que chequear nuestro corazón. Nunca vi a un capitán de un barco o un piloto de un avión, partir sin un destino predeterminado, siempre tienen un destino fijado. Saben adónde van y tienen metas que cumplir. La hoja de ruta está marcada.

Como siervos de Dios tenemos que buscar los planes del Señor antes de tomar altura y llegar a los límites de vivir a alta velocidad. Algunos llamados de Dios requieren niveles de compromiso más elevados que otros.

Conozco algunos ministros que están en su casa pocos días al mes, y el resto del tiempo viajan ministrando. Ese tipo de compromiso requiere un nivel de obediencia y de entrega más alto.

Si usted desea que Dios le entregue un avión costoso

para poder volar a grandes alturas, ya sea en su vida familiar o en su ministerio, necesita prepararse para ser piloto y astronauta. Así llegará a niveles elevados de unción en el mundo espiritual.

Dios quiere llevarlo al lugar donde usted encuentre el propósito para su vida. Allí alcanzará un nivel de unción que sanará todas las áreas de su vida, espiritual, emocional, financiera, y familiar.

Atravesar el desierto en un avión

Él pondrá líderes a nuestro alrededor que nos guiarán y discipularán con enseñanzas profundas de la Biblia para comprender el propósito de Dios.

Aproximadamente dos millones de israelitas salieron de Egipto y caminaron por el desierto, sin embargo, solamente Josué y Caleb pudieron entrar a la tierra prometida.

Esto me ayudó a cambiar mi actitud frente a las experiencias del desierto. Si la actitud del pueblo de Israel hubiera sido otra, probablemente hubieran llegado a la tierra prometida en dos semanas. Pero se perdieron en el desierto por la actitud errónea del corazón. No tenían visión ni obediencia. Había rebeldía en su corazón. El desierto es el lugar indicado para examinar nuestra vida y detectar niveles de rebeldía. Espero que usted no necesite cuarenta años para aprender la lección.

Mientras atravesaba un desierto en mi vida, una amiga me aconsejó lo siguiente: "Cuando entres a un desierto no lo hagas caminando, sobrevuela el terreno desde un avión".

Al escucharla, decidí ir al aeropuerto de mi vida y atravesar ese desierto en un avión. La diferencia entre ir caminando o volando estaba en mi actitud. Si mi vida está dispuesta a ser ministrada por las enseñanzas que Dios desea que aprenda, en poco tiempo me encontraré en la orilla de la Tierra Prometida.

Pero si su vida no se encuentra sensible a la voz de Dios, le espera un desierto de dificultades. La rebeldía no nos permite escuchar la voluntad de Dios y se transforma en el impedimento para alcanzar el llamado.

Jonás, el profeta rebelde, descubrió su destino dentro de una ballena. Hay circunstancias que nos tragan como ballenas y nos retienen encerrados. Pero Jehová no se olvidó de Jonás, tampoco se olvidará de nosotros. Jesús puede rescatarnos pero únicamente lo hará a través de la obediencia. La manera en que actuemos determinará nuestro destino.

Es sencillo someterse a los propósitos de Dios cuando aprendemos a morir diariamente. Esa actitud de sometimiento trae bendición, discernimiento y claridad para escuchar Su voz.

La unción del llamado

Si anhela la unción, necesita buscar al que unge. El Espíritu Santo es quien derrama la unción sobre nosotros para poder caminar en nuestro llamado. La unción está en su llamado.

Aunque necesitamos la unción de Dios para descubrir nuestro llamado, cuando decidimos cumplirlo encontramos un nivel más elevado de unción. Si usted quiere un continuo crecimiento como cristiano, debe tener una vida devocional constante. A esto lo llaman: "Pagar el precio" para descubrir su destino.

> "Hermanos, yo mismo no pretendo haberlo ya alcanzado; pero una cosa hago: olvidando ciertamente lo que queda atrás, y extendiéndome a lo que está delante, prosigo a la meta, al premio del supremo llamamiento de Dios en Cristo Jesús".
>
> —*Filipenses 3:13-14*

1. Roberts Liardon, *Los Generales de Dios*, (Buenos Aires, AR: Editorial Peniel © 2000), pag. 55–57.

Capítulo 7

Generales en entrenamiento

Busqué a Jehová, y él me oyó,
Y me libró de todos mis temores.
Los que miraron a él fueron alumbrados,
Y sus rostros no fueron avergonzados.
El ángel de Jehová acampa alrededor de los que
le temen,
Y los defiende.
Gustad, y ved que es bueno Jehová;
Dichoso el hombre que confía en él.
Temed a Jehová, vosotros sus santos,
Pues nada falta a los que le temen.

—*Salmo 34:4-5, 7-9*

Salmo 139

Oh Jehová, tú me has examinado y conocido.

Tú has conocido mi sentarme y mi levantarme;
Has entendido desde lejos mis pensamientos.

Has escudriñado mi andar y mi reposo,
Y todos mis caminos te son conocidos.

Pues aún no está la palabra en mi lengua,
Y he aquí, oh Jehová, tú la sabes toda.

Detrás y delante me rodeaste,
Y sobre mí pusiste tu mano.

Tal conocimiento es demasiado maravilloso para mí;
Alto es, no lo puedo comprender.

¿A dónde me iré de tu Espíritu?
¿Y a dónde huiré de tu presencia?

Aun allí me guiará tu mano,
Y me asirá tu diestra.

—Salmo 139:1-7, 10

7

En Estado de Alerta

Un veterano con catorce años de experiencia en el grupo de buzos de la Marina de los Estados Unidos, describió para una revista de jóvenes el sistema de colores que utilizan para indicar los niveles de preparación para el combate. Cada etapa tiene un paralelo en la batalla espiritual.

Condición blanca: el soldado está relajado y soñando despierto, desconoce lo que le rodea. Un cristiano en esa condición es presa fácil para Satanás.

Condición amarilla: el soldado está físicamente relajado, pero mentalmente alerta. Un creyente en este nivel puede percibir que se acerca el problema, pero no está preparado para confrontarlo.

Condición naranja: el soldado está físicamente preparado, mentalmente alerta y listo para la batalla. Un creyente en esta etapa tiene puesta toda la armadura de Dios.

Condición roja: igual que en la condición naranja, el soldado está listo para el combate. La diferencia es la experiencia. Un cristiano veterano sabe qué hacer rápidamente debido a su experiencia y familiaridad con las Escrituras.

Como cristianos y generales de Dios debemos estar preparados para resistir. El diablo siempre parece atacar en nuestros momentos más vulnerables. Pero si nos mantenemos alerta y armados, podemos detener sus más fuertes ataques. Solo los que están preparados para la batalla obtienen la victoria espiritual. Para ello es necesario el entrenamiento.

Libérese de las máscaras

Los generales de Dios no utilizan máscaras. Quienes los rodean ven sus rostros naturales. Si usted quiere ser entrenado como un general, necesita deshacerse de las máscaras. Cuando entre a la presencia de Dios en oración, examine su corazón y vea si hay humildad falsa, deshonestidad o una máscara de santidad.

La confesión trae limpieza de pecados. El Señor limpiará cualquier área que usted exponga que no le agrade. Este paso es necesario antes de ingresar a cualquier nivel de guerra espiritual, y especialmente antes de ministrar a personas atadas.

La máscara de santidad es el alimento para los demonios de religiosidad, y les concede más territorio. La verdadera santidad es el hambre de Dios para buscar Su voluntad.

Cuando entramos en Su presencia con una máscara, nos es difícil comunicarnos con Él porque vemos las cosas a través de ella. La oración y el ayuno nos ayudan a quitar esa máscara para ser sinceros delante del Señor y de los que nos rodean.

Todos los generales que pasaron por algún nivel de entrenamiento tuvieron que aprender a quitarse las máscaras y sobrellevar la tentación de volver a colocárselas. Muchas personas a nuestro alrededor tratan de imponernos caretas con nombres que nos identifiquen como la persona que en realidad no somos. Esta lección es parte del proceso de aprendizaje de un estudiante del Espíritu Santo en la carrera para ser un general.

Hace algún tiempo estudié la vida de algunos generales de Dios que hoy ya no están. Ellos fueron usados de una manera poderosa cuando vivieron. Sin embargo, noté un común denominador en todos ellos: Cuando no tenían máscaras puestas, Dios los usaba grandemente delante del pueblo. Pero cuando comenzaron a colocarse caretas, el ego crecía en ellos, y fracasaban en su ministerio.

Las personas que los rodeaban nos los ayudaron al ponerle máscaras aumentándoles el ego. Su corazón se enorgulleció porque Dios los usaba poderosamente.

En sus comienzos ministeriales, ellos conocían la importancia de la disciplina de oración y ayuno. Por esa razón Dios los usaba. Al profundizar en estas biografías descubrí que en realidad había cinco factores en común: Pureza, compasión, humildad, poder, frutos.

El estilo de adoración al Señor y de búsqueda de Su presencia era a través de la confianza y fe en Dios. Ellos tenían tanta fe que podían estirarla hasta creerle a Dios cualquier cosa. Pero, ¿Cómo obtuvieron ese nivel de fe? Ellos buscaban del Señor a través de la Palabra, la predicaban y la vivían.

Por eso recomiendo a todos aquellos que estén en entrenamiento y quieran ser instruidos de una manera poderosa, el libro *Generales de Dios*, de Robert Liardon (Editorial Peniel). Si Dios usó a estos hombres y mujeres, también puede usarnos a nosotros, si estamos dispuestos a pagar el precio de quitarnos cualquier máscara de santidad que tengamos colocada, y no permitimos que espíritus religiosos entren a nuestro territorio. Tampoco debemos vivir esa falsa humildad ante Su presencia, porque eso es deshonestidad y engaño a usted mismo, porque a Dios no lo puede engañar.

El Espíritu Santo trata de enseñarnos lo mismo que a esos generales del pasado: debemos confiarle al Señor todas nuestras necesidades. El Espíritu Santo quiere llevarnos al lugar donde perdemos la confianza en cosas materiales y la depositamos totalmente en Dios. Podemos usar las cosas de este mundo —y no hay nada de malo en eso—, pero tenemos que dejar de confiar en ellas y poner nuestra confianza en Dios, el dador de todas esas cosas.

ESCUELA DEL ESPÍRITU SANTO

Como generales en entrenamiento, necesitamos aprender a colocarnos la armadura de Dios, y a usar las armas. Pero nuestra confianza no debe estar en la armadura sino en el Dios de la armadura.

Algunos soldados aprenden a usar sus armas y tener conocimiento de la guerra espiritual, pero les falta descansar totalmente en Dios. Confían en ellos mismos o en sus conocimientos, pero no en Dios; no están listos para guerrear con sabiduría. Cuando ponemos toda nuestra confianza en Dios, entonces estamos listos para la batalla.

El Espíritu Santo nos ayuda a entender que hay poder en el nombre de Jesucristo, porque Él es poder. Servimos al Dios que ganó la batalla en la Cruz del Calvario cuando dijo: "Consumado es". Si tenemos la correcta convicción acerca de quiénes somos y a quién servimos, no seremos confundidos por el enemigo.

Muchos estudiantes se paralizan en el proceso de entrenamiento por confusión y falta de conocimiento. Para quitar esa mentalidad de fracaso necesitamos desarrollar carácter, y permitir que la Palabra de Dios viva en nosotros. Si vivimos, hablamos, actuamos y tenemos fe en la Palabra, entonces Dios trabajará en nosotros mediante Su Palabra, que es vida.

Los fracasos nacen en la mente, y son fortalezas y mentiras que hemos creído. Desarrollar el carácter destruye las fortalezas de fracaso. La palabra carácter, según la Real Academia Española, es: "Conjunto de cualidades o circunstancia que distingue a una persona, por su modo de ser o de obrar, de los demás".

Un general de Dios necesita buscar su carácter. Hay momentos en la batalla del diario vivir en que nos sentimos débiles. Pablo nos enseña en las Escrituras que cuando somos débiles, Él se fortalece en nosotros (2 Corintios

12:10). Por lo tanto, según la medida de nuestra debilidad, es la medida de la fuerza de Dios en nuestra vida.

Cuando morimos a nosotros mismos, no podemos sentirnos débiles, porque estamos muertos. Los deseos humanos tienen que morir para que crezca el deseo de tener vida en Cristo. Los deseos del hombre requieren atención y crecimiento, cuando dejamos de satisfacerlos, bloquean la vida espiritual. Si anhela más de Dios, el ego debe abandonar el trono de su vida. Al buscar más de Jesús dejaremos de anhelan aquello que alimente nuestro ego, nuestro "yo".

El camino para buscar que se manifieste el poder de Cristo a través de su vida, es morir a sí mismo. Esta es una de las lecciones más difíciles de aprender como parte del entrenamiento para ser "generales de Dios".

Enseñanzas de entrenamiento

Dios usó a sus generales con poder. Fueron hombres y mujeres que aprendieron a morir a ellos mismos. La vida de estos gigantes de la fe nos enseñan lecciones aplicables a nuestro diario vivir.

Cada uno de nosotros tiene un plan de estudio diseñado por nuestro maestro, el Espíritu Santo. En esta escuela, cada general tiene su propio plan, y no puede haber competencia ni comparación; de lo contrario el plan no funcionará. No pretendo enseñarle el plan ni recordarle el material necesario, porque no estoy capacitada. Solamente el Señor puede hacer de usted un general de Su ejército.

La primera lección que debe aprender es que Cristo es su maestro. Toda otra información es confirma lo que el Espíritu Santo ya le ha manifestado.

Las experiencias de hombres de Dios nos muestran que ellos también pasaron por momentos difíciles y momentos de victoria. Ciertas enseñanzas nos demuestran que Dios usó vasos que entregaron su vida, y que no esperaban que todas sus áreas estén en victoria para entregarse a Él.

Dios no busca vidas perfectas, porque no existen. Jesús es el único perfecto. El Espíritu Santo busca vidas entregadas, que confíen solamente en Él, que vivan por fe.

> "Pero sin fe es imposible agradar a Dios; porque es necesario que el que se acerca a Dios crea que le hay, y que es galardonador de los que le buscan".
>
> —*Hebreos 11:6*

La segunda lección es evaluar nuestra fe. Como estudiantes necesitamos aprender a agradar a Dios, así que es necesario aumentar nuestra fe. Los generales son personas que tienen fe, y como soldado en entrenamiento, usted necesita saber en quién y dónde está poniendo su fe. Muchos soldados creen "en" Dios, pero necesitan aprender a creerle "a" Dios.

En febrero de 1924, Smith Wigglesworth predicó estas palabras: "Dios quiere que tengamos una actividad de fe que se atreva a creerle a Dios. Hay lo que parece ser fe, una apariencia de la fe, pero la verdadera fe cree a Dios hasta el mismo final".

A través de las palabras de este pionero de la fe, examiné mi nivel de fe y conocimiento de Sus promesas. Lo animo a que usted haga lo mismo.

La tercera lección es conocer Su Palabra. Cuando la palabra de Jehová entra en nuestro corazón, ella cambia lo que no le agrada de nuestro carácter. Jesucristo nos cambia de adentro para fuera. Al permitirle que ingrese en todas las áreas de debilidad, Él tratará con nosotros. Estos cambios son necesarios para recibir esa promoción del Señor Jesús. Parte del precio que hay que pagar es dejarse cambiar por Él, y no por las personas a nuestro alrededor. Jesús es la

Palabra, por lo tanto cuando Él entra en nuestro corazón también lo hace Su Palabra. Al decir: "¡Por favor, quédate Señor!", está invitándolo a quedarse, y que la Palabra se quede en usted.

Cuando entendí que toda llenura habita en Jesús, comprendí que Él es la palabra viva. Si queremos que Su Palabra viva en nuestro corazón, y que el Señor Jesús habite en todo nuestro ser, debemos pedirle: **"Por favor, quédate Señor".**

> "Lo que era desde el principio, lo que hemos oído, lo que hemos visto con nuestros ojos, lo que hemos contemplado, y palparon nuestras manos tocante al Verbo de vida (porque la vida fue manifestada, y la hemos visto, y testificamos, y os anunciamos la vida eterna, la cual estaba con el Padre, y se nos manifestó); lo que hemos visto y oído, eso os anunciamos, para que también vosotros tengáis comunión con nosotros; y nuestra comunión verdaderamente es con el Padre, y con su Hijo Jesucristo".
>
> —*1 Juan 1:1-3*

Grados de jerarquía

Billy Graham, un gran evangelista y general de Dios, nos enseña lo siguiente: "La Biblia indica que el final de la historia puede estar cerca, como al doblar la esquina. El Armagedón puede estar cerca. Las líneas de batalla ya están siendo escogidas. Cada persona debe ponerse de pie y ser contado. Con un nuevo año delante de nosotros, preparémonos para la batalla espiritual, pongamos nuestra vida en la línea por Jesucristo. Nada menos de esto será suficiente".[2]

Las palabras de Billy Graham nos motivan y nos hacen pensar. Los generales ponen su vida en la línea de batalla por Jesucristo. Los soldados de Cristo aprenden a pagar el precio, y cuando el Señor los hace generales, es porque entendieron el llamado de Dios. Ellos saben que a veces tendrán cicatrices por las heridas de batalla. Esas heridas, que ahora son cicatrices, les recuerdan los momentos de victoria. Ellos vencieron y no murieron en la batalla.

No todos los que sirven al Señor son llamados a ser generales, pero todos tenemos que ser más que vencedores. Como soldados, debemos conocer cuál es nuestra posición en la batalla que ya fue ganada en el Calvario por nuestro comandante supremo: Jesucristo. Todos formamos parte de algún tipo de lucha: financiera, emocional o física. Si peleamos la batalla con la actitud correcta, el enemigo no nos tocará porque somos más que vencedores.

Instrúyase más sobre guerra espiritual. Todos debemos conocer a nuestro enemigo. Hay muy buenos libros que enseñan sobre guerra espiritual. Le aconsejo que pregunte a su pastor acerca de sus recomendaciones, para que no lleve confusión a su mente.

El manto de autoridad

Si usted siente que Dios no lo ha llamado para ser general de Su ejército, debe saber que en un ejército hay varios cargos: enfermeros, médicos, cocineros, soldados, generales, et. Todos ellos saben de guerras. Lo importante no es la posición que usted tenga, sino que esté en el lugar correcto que Dios lo puso.

Aunque haya decidido desempeñarse en otra posición, en este ejército todos son entrenados como generales. Todas las posiciones son importantes, porque un campamento de entrenamiento sin cocinero y sin estudiantes, estaría incompleto.

En el campamento de batalla el cocinero es una persona importante. Pregúntele a un soldado con hambre para confirmarlo. Un soldado con hambre espiritual y sin comida, se muere espiritualmente.

Los sueños, las visiónes y la esperanza, son las cosas que primero mueren en la vida de un guerrero sin alimento espiritual. Cuando un soldado come alimentos envenenados, adulterados con engaño o pecado, abandona la pelea en la guerra porque pierde la esperanza. Otros soldados hambrientos espiritualmente se ponen holgazanes o distraídos, y caen en trampas de la carne y sus deseos.

El rey David fue un general distraído y engañado. Dejó de ir a la batalla y decidió quedarse descansando. La Biblia dice:

> "Y sucedió un día, al caer la tarde, que se levantó David de su lecho y se paseaba sobre el terrado de la casa real; y vio desde el terrado a una mujer que se estaba bañando, la cual era muy hermosa".
>
> —*2 Samuel 11:2*

Los reyes salían a luchar en la guerra, pero David se quedó en Jerusalén. Al caer la tarde se levantó de dormir, y paseó por la terraza. La mente de este rey no estaba en la preocupación de la guerra. Él estaba pensando en esa mujer que veía y por quien luego mandó a preguntar. Todo comenzó por no ir a la batalla. Esa decisión equivocada le trajo mucho dolor al corazón de ese guerrero.

> "Y escribió en la carta, diciendo: Poned a Urías al frente, en lo más recio de la batalla, y retiraos de él, para que sea herido y muera".
>
> —*versículo 15*

David mandó poner a Urías, el esposo de Betsabé, en el frente de batalla para que muera.

> Betsabé, la bella mujer que David vio bañándose, fue engañada; perdió a su esposo Urías, y también murió su hijo.
>
> —*2 Samuel 12:19*

La decisión de David afectó muchas vidas porque era rey, y era un general de Dios. Dios lo perdonó, pero tuvo que vivir las consecuencias de su pecado. Muchas veces tenemos que enfrentar circunstancias que son las consecuencias de los pecados del pasado, aunque ya están perdonados.

El rey David fue engañado por su carne, y tal vez hasta por el enemigo. El pecado entró por la vista y llegó hasta su corazón. No respetó el manto de Urías como soldado de su ejército, ni su posición como hombre casado.

David se engañó a sí mismo al hacer sus propios planes sin consultar con el comandante supremo: Dios. Tampoco se respetó a sí mismo al dejarse llevar por los deseos de la carne, y por la autoridad que tenía como rey.

Esa historia nos enseña que cuando no respetamos el manto de los que están a nuestro alrededor, dejamos de respetarnos a nosotros mismos. La posición, el llamado y el manto que Dios nos dio son para entender el manto de autoridad que tienen los que pelean junto a nosotros. Saber respetar y reconocer el manto y la posición de otro, es una enseñanza importante dentro del entrenamiento como generales de Dios.

AUTORIDAD CONCEDIDA

Muchos pastores y co-pastores funcionan como cocineros, dando de comer a su congregación, y ellos mismos no se ven como generales de Dios. Cierta vez un pastor me dijo: "Yo no soy ni cocinero ni general; en mi iglesia yo soy bombero, porque me paso la vida apagando el fuego de la vida de las ovejas. A la hora de preparar comida para ellos, ya estoy tan frustrado y cansado, que les doy alimento hecho hace varios meses atrás. No tengo tiempo para cocinar y servir la mesa con alimento espiritual, todos están tan apurados para irse a otra parte. Mi iglesia necesita liberación y un general al que respeten".

Luego de este comentario, oramos junto al pastor y movilizamos intercesores para que se pusieran en la brecha por esa iglesia. Dios nos mostró que el problema no radicaba tanto en la falta de respeto, sino en la falta de liderazgo y enseñanza. Los líderes necesitaban identificar el manto que Dios les dio para poder aprender a respetar el manto que Él puso sobre su pastor y los otros líderes.

El pastor comenzó a enseñar a su equipo los principios de vida para que sean líderes con carácter y madurez. Una noche por semana se reunía con su equipo para ministrarle a cada uno, y orar. No era una Junta de Asamblea para discutir asuntos de la iglesia, sino para buscar juntos el rostro de Dios. Al hacerlo, todo el equipo pudo encontrar sanidad para el corazón y disfrutó de la presencia de Jesús.

Con el tiempo descubrimos que dentro de esa iglesia había líderes con conceptos equivocados acerca de cómo respetar la autoridad otorgada por Dios a un pastor. Ellos habían sido líderes en iglesias donde los diáconos manejaban al pastor, y cuando no podían ajustarlo o acomodarlo con manipulación escondida, lo reemplazaban por otro. Es triste saber que esto sucede en las iglesias, pero vemos muchos generales de Dios heridos por falta de respeto, falta de conocimiento y falta de principios de vida.

Los principios de vida son los principios bíblicos que podemos aplicar al diario vivir, para saber cómo madurar nuestro carácter cristiano. Un líder es un soldado que está siendo entrenado para ser general, y necesita respetar los principios de vida que nos enseña la Palabra, entre ellos los conceptos de sometimiento.

Cuando usted se somete a la poderosa mano de Dios y deja que Él lo guíe, le aseguro que lo colocará en la posición correcta de servicio para esa etapa de su vida. El Señor es el que da los ascensos, no los hombres. Cuando Dios lo escoge para ser un general suyo, lo entrena. El Espíritu Santo le enseñará directamente, pero también usará personas como maestros para su vida. Al someterse a Su mano poderosa, encontrará la corrección que necesita cuando está a punto de desviarse, ya sea en un concepto o en alguna enseñanza. Dios lo guiará a tomar la posición correcta, alineado con su voluntad y autoridad.

Alineación efectiva

¿Qué significa ser alineado por el Espíritu Santo? Es vivir bajo el alineamiento correcto establecido por Dios. Sometemos a la autoridad de nuestro pastor, en la iglesia que Dios nos colocó, y no en la que hemos escogido por conveniencia. En el lugar que el Espíritu Santo escogió para que le sirvamos a Jesús, encontraremos la oportunidad de ser entrenados como generales de Dios.

Como líder en esa iglesia, de acuerdo al crecimiento de la misma, tendrá la oportunidad de entrenar a soldados que están estratégicamente ubicados bajo su manto de autoridad, ya sea como soldado en el frente, como cocinero, como enfermero o capitán, habrá personas a quienes influenciar con su ejemplo.

Los soldados a los que estamos entrenando respetarán la autoridad que está sobre nosotros, ya que ha sido delegada por nuestro pastor en la iglesia correcta, alineados con el Espíritu Santo. Asimismo, el pastor se someterá al plan que Dios tiene para esa iglesia, en un correcto alineamiento de autoridad, el cual es necesario.

Como general entrenado tiene que recordar que siempre debe ser como un estudiante dispuesto a superarse en Su conocimiento y su actitud debe siempre ser la correcta. No puede permitir que los humos del orgullo llenen su cabeza, creyéndose más importante que los que están bajo su autoridad. Tenga cuidado de no salir fuera del alineamiento estipulado por Dios.

Una de las trampas más grandes que usa el enemigo para sacarnos de la línea correcta impuesta por Dios, es el orgullo. A causa del orgullo, una persona puede perder mucho tiempo antes de volver a alinearse correctamente para ser entrenada por Dios.

Es sencillo vivir en el alineamiento correcto cuando se tiene plena relación con Dios, sabe someterse a Su mano y al liderazgo que Él escogió, dando testimonio de principios de vida, y respeto a los que están sobre él y bajo su liderazgo.

Movidos de la comodidad

En la Palabra de Dios encontramos muchos ejemplos de líderes que respetaron el manto, el liderazgo y la unción que Dios había depositado en personas que estaban a su alrededor.

Dios consigna un nivel de unción y autoridad que acompaña la posición a la que fue promovido. Ese nuevo cargo tiene un privilegio y requiere de responsabilidad.

David pudo haber matado al rey Saúl, sin embargo, cortó un trozo de su ropa para demostrarle que no había escogido matarlo, sino respetarlo (1 Samuel 24:4).

David supo someterse al manto de autoridad que tenía Saúl como rey. Aunque la batalla era física, la guerra era también espiritual. Pero David reconoció su posición y la del rey Saúl.

Eliseo es otro ejemplo. Él respetó el manto de Elías y reconoció la posición de autoridad que Dios le había dado. Eliseo sirvió a Elías por más de diez años, y como recompensa por haber respetado su manto, recibió una doble porción de la unción que estaba sobre Elías (2 Reyes 2:13). Eliseo era un general de Dios que fue entrenado por más de diez años. ¿Cuántas veces nos quejamos al no ser ascendidos a un cargo superior, después de estar un año sirviendo en la iglesia?

Josué caminó en el desierto caliente junto con Moisés. Sudó como Moisés y pasó por los mismos problemas. Eso fue parte del entrenamiento que Dios tenía para Josué. Sin embargo, él entró en la tierra prometida y Moisés no pudo hacerlo (Josué 1:2).

Muchos de nosotros lloraría, si como parte del entrenamiento para ser generales, Dios nos enviara cuarenta días al desierto. Deseamos ser entrenados en la comodidad. Pero, a veces, tenemos que abandonarla para alcanzar una experiencia sobrenatural.

Aquellos que concurren a iglesias con aire acondicionado, a veces se quejan porque los asientos que no son lo suficientemente mullidos, imagínese si Dios los mandase a África. Allí la temperatura es muy elevada. Muchos de los concurrentes permanecen de pie en una reunión durante seis horas, con asientos no tienen respaldo donde descansar la espalda. El calor es tan intenso que las gotas de sudor caen por el rostro de la gente, como si fueran lágrimas. Personalmente experimenté un culto así. No fue fácil para mí, no estaba acostumbrada, sin embargo, ellos querían quedarse en la reunión otras seis horas más.

Durante esos días en África evalué mi nivel de espiritualidad, ya que al día siguiente estuve en otro culto que duró doce horas, con una temperatura de más de 100ºF. Los soldados que custodiaban el autobús que nos trasladaba nos aconsejaron que no bajemos del ómnibus el agua que habíamos llevado, por lo tanto no pude beber agua en todo el día. La razón era que muchas de esas personas habían caminado doce horas para llegar a la reunión, y llevaban tres y cuatro días sin comer, y algunos de ellos sin beber. Cuando alguien está lo suficientemente desesperado, hace cualquier cosa por recibir su bendición, aunque esto suceda robándosela a otros.

Ese día durante la cruzada, estuve doce horas sin probar alimentos ni beber. Fue una experiencia muy fuerte, hacía mucho calor y no había ni un arbusto o un techo donde protegerse del sol. Eso fue solamente un día.

Pero algo muy lindo sucedió en medio de ese ejercicio, puedo asegurarle que vi la gloria de Dios. Fue una tremenda experiencia de entrenamiento. Dios comenzó a sanar niños que eran sordomudos de nacimiento.

Cuando trajeron la primer niña, impuse mis manos sobre ella y fue sana instantáneamente. No comprendía el dialecto que ellos hablaban, aunque algunos hablaban inglés. Miles de personas esperaban recibir ayuda. Eran tantos, que se comunicaron conmigo no sé cómo, pero abrieron lugar entre la multitud y trajeron una fila de personas para que orara por ellas. En su mayoría eran niños menores de dieciocho años. Lo interesante es que todos ellos eran sordomudos. Fue hermoso ver cómo el Señor los sanó a todos los sordomudos en la fila.

Ese día vi la mano de Dios como nunca antes en mi vida. Ellos mismos reconocieron que había una unción especial para sanar a los sordomudos, y permitieron que los que padecían de esta dolencia pasaran a recibir oración. Identificaron y respetaron la unción que fluía ese día.

Dios me mostró que el soldado en entrenamiento debe reconocer cuando hay una unción especial moviéndose, ya sea de sanidad física o espiritual, o de liberación.

Cuando fueron sanos, muchos de ellos comenzaron a hablarse entre sí, con pocas palabras que casi ni pronunciaban. Habían sido criados como sordomudos y no sabían hablar, pero podían repetir la palabra "Jesús", con una gran sonrisa en sus rostros.

Esta emocionante experiencia fue parte del entrenamiento

para mi vida. Esos hermanos en África me enseñaron una gran lección: Ellos sabían pagar el precio, tenían tanta hambre física y espiritual que buscaron del rostro de Dios.

Comprendí que podemos llegar al nivel en que Dios nos use, cuando pagamos el precio, somos obedientes y nos movilizamos de nuestro espacio de comodidad. Haber dejado el agua en el autobús, y saber que estaríamos doce horas bajo el sol, sin lugar para refugiarme y sin beber, fue mi prueba de entrenamiento.

Pruebas de entrenamiento

No sé cuál fue la prueba que usted debió atravesar en su escuela de entrenamiento. Todos tenemos momentos puntuales que recordar, en los cuales Dios nos respaldó con una unción fresca, porque fuimos obedientes a su orden. En esos momentos difíciles, como lo fue África para mí, mi cuerpo decía: "¡Por favor, Señor, sácame de aquí!", pero mi espíritu quería quedarse allí y seguir viendo Su gloria.

Cuando el pastor que precedía la reunión pudo ministrar a la congregación, cientos y cientos de personas cayeron bajo el poder de Dios. En esos momentos le dije al Señor: "*¡Por favor, déjame en África!*", pero recordé que tenía una familia y debía regresar. Vi la necesidad de ese pueblo que buscaba el toque de Dios con tanta hambre que se reflejaba en sus rostros.

Frente a esa imagen recordé las caras de las amistades que asisten a las iglesias más tradicionales en los Estados Unidos. Ellas no tenían el mismo hambre del Señor, y sus rostros también lo reflejaban. En mi corazón decía: "Señor, si ellos pudieran ver lo que yo veo, Tu gloria y Tu unción en este lugar, y a estas personas que tienen tanto hambre de ti".

También aprendí que el hambre espiritual en el corazón de una persona mueve la mano de Dios para hacer milagros. Si ellos tuvieran el hambre de Dios que vi en África, los milagros también ocurrirán en sus iglesias.

El entrenamiento que recibimos a través de ejemplos de otros países nos permiten observar los niveles intensos de hambre por las cosas del Señor.

Asignaciones proféticas

Cuando Dios usa a Sus generales derrama Su unción llevando sanidad y liberación. Si tuviéramos hambre de Dios y quisiéramos ser entrenados, Él nos usaría como vasos a través de los cuales pueda fluir con Su unción. Para ello es necesario el conocimiento, porque sin él perecemos. Pero hay una parte del conocimiento que no se obtiene de los libros, sino que se aprende a través de las experiencias y de cómo aplicamos la Palabra de Dios a nuestra vida.

Cuando Dios nos envía a un sitio lo hace con un propósito específico; si obedecemos y aprendemos lo que Él que quiere enseñarnos, viviremos una asignación profética.

La asignación profética es vivir de acuerdo a la agenda de Dios, profetizando y predicando lo que Él pone en su boca en ese momento y en el lugar al que Él le envía con un objetivo que cumple Sus propósitos.

Como el diablo es imitador de Dios, intentará copiar esas asignaciones proféticas, enviando a personas como sus agentes encubiertos, al punto en que ni ellos mismos saben que están siendo usados para ese fin. Satanás los usa para cumplir un propósito demoníaco.

Si una amiga lo invita a un bar a beber, sabiendo que usted fue alcohólico y Dios lo hizo libre hace diez años, o lo invita a su departamento, pero usted es casado, y piensa: "Quiero salir con esa muchacha. Si lo hago una vez no será peligroso". Si acepta ha caído en la trampa. Tal vez usted pensó que Dios podía usarlo para ministrar a los que están en el bar, ya que ellos necesitan saber de Jesús. Sin embargo, Dios no lo envió allí, usted fue quien quiso ir. Si es que Dios lo envía con el objetivo de ministrarle a esas personas, Él se lo hará saber. No necesita ser convencido por una muchacha bonita o un joven apuesto para tomar la decisión. Frente al error su testimonio se daña, porque cayó bajo la influencia de la tentación, y no siguió las indicaciones del Espíritu Santo.

Esa tentación se convirtió en una trampa de la asignación demoníaca. Esa persona fue utilizada por Satanás como un vaso demoníaco. El enemigo trabaja en esa área y trata de confundir al estudiante que está tratando de ser un general, enviándole personas con asignaciones demoníacas.

El propósito de la asignación satánica es desviarlo del plan que Dios tiene para su vida y robarle las asignaciones proféticas que Dios le ha dado.

Sin embargo, Dios pone a personas cerca nuestro como una conexión divina. Sentirá que Dios trajo a esa persona en el momento exacto con un objetivo: darle toda la gloria a Él y guiarlo como ayuda en sus decisiones. A eso llamo conexión divina.

Conexiones divinas

Cuando somos entrenados en la escuela del Espíritu Santo, Dios pone muchas conexiones divinas cerca nuestro. Pero también el enemigo tratará de desconectarnos de las personas que traen esa conexión. Él procurará poner ciertas personas con otro tipo de mensajes; incluso puede llegar a ser alguien cercano a nosotros.

De pronto nos enteramos que nuestro mejor amigo o un familiar es un vaso que el enemigo está usando para clavarnos un cuchillo en la espalda y darnos una enseñanza desagradable del testimonio de esa persona.

Podemos ver este tipo de conexiones ejemplificado en la vida de Judas, que fue usado por el enemigo en el momento en que Jesús estaba celebrando la última cena. La Biblia nos relata ese momento en Marcos 14:18 y 20, donde nos dice:

> "Y cuando se sentaron a la mesa, mientras comían, dijo Jesús: De cierto os digo que uno de vosotros, que come conmigo, me va a entregar.... Él, respondiendo, les dijo: Es uno de los doce, el que moja conmigo en el plato".

En aquel tiempo, la práctica de comer de un mismo plato era frecuente, y Judas Iscariote estaba sentado cerca de Jesús, porque la Biblia dice que mojaba su pan en el mismo plato que el Maestro.

Judas Iscariote fue uno de los doce discípulos escogidos, el único que no era galileo, y fue quien traicionó a Jesús.

> "Pero dijo esto, no porque se cuidara de los pobres, sino porque era ladrón, y teniendo la bolsa, sustraía de lo que se echaba en ella".
>
> —*Juan 12:6*

En el desarrollo de la historia, cuando María unge los pies de Jesús, encontramos un texto que dice que Judas era un ladrón. Sin embargo, se le había dado a cargo la bolsa con dinero. La ambición era un defecto en su vida, él tenía la tentación de robar muy latente, al tener a cargo la bolsa con el dinero.

Judas era un general en entrenamiento y fue usado por el enemigo. Al ser ladrón, tenía una puerta de robo abierta en su vida. Tuvo la oportunidad de arrepentirse cuando estuvo tan cerca de Jesús, pero se suicidó en vez de buscar el perdón.

Esta historia nos enseña que Satanás puede usar a alguien cercano a nosotros para traicionarnos y herirnos, incluso hasta puede ser un escogido por Dios.

Si durante su entrenamiento en el ejército de Dios alguien lo traicionó o hirió su corazón, recuerde que a Jesús le hicieron lo mismo.

> "Y entró Satanás en Judas, por sobrenombre Iscariote, el cual era uno del número de los doce; y éste fue y habló con los principales sacerdotes, y con los jefes de la guardia, de cómo se lo entregaría".
>
> —*Lucas 22:3-4*

Judas le concedió terreno a Satanás al ser un ladrón. Él fue a los sacerdotes —una acción que tuvo que pensar—, y en vez de buscar el perdón de Jesús, lo traicionó. Esto nos enseña que Judas no fue un muñeco de la voluntad de Dios, él mismo tomó la decisión. Recuerde que Satanás entra en una vida cuando hay puertas abiertas que permiten su acceso. La vida de Judas nos hace pensar una vez más en nuestro compromiso con Dios y en la presencia del Espíritu Santo en nosotros.

Aunque la historia de Judas Iscariote trajo reacciones mixtas de diferentes personas, hay lecciones que todos podemos aprender de esa vida. Sabemos que aunque pertenezcamos al ejército de Dios, el diablo puede influenciar nuestra vida a través de presiones.

Cuando le entregamos al Espíritu Santo todas las áreas de nuestra vida, el diablo no puede poseernos como lo hizo con Judas. Pero si le damos terreno a Satanás y jugamos con fuego en su campamento, sentiremos el calor hasta quemarnos.

Si como soldados peleamos solos, y también entramos solos en el terreno del enemigo, terminaremos heridos. A veces queremos pelear solos la guerra, y esto es muy difícil. Si Judas hubiera tenido un compañero para compartir su plan, tal vez uno de los otros doce, esa persona hubiera tratado de cambiar su idea.

Los que hacen trabajos satanistas siempre van de dos en dos. Pero el diablo lo hace porque imita las estrategias de Jesús, al enviar a sus discípulos de a dos.

Como parte del entrenamiento es necesario un compañero de oración. Alguien que nos encamine cuando tratamos de desviarnos de la enseñanza que Dios nos da. Si usted conoce al Espíritu Santo, sabrá que Él es su mejor amigo. Él tomará esa posición y puede darle la bendición de hallar a otra persona, que puede servirle como compañero de oración y amigo durante su entrenamiento en la escuela del Espíritu Santo. Nosotros decidimos enlistarnos en la Escuela de generales, pero Jehová decide adónde enviarnos.

Inspiraciones de fe

Muchos generales que fueron usados hace tiempo, dejaron enseñanzas de fe en el diario vivir. Sus vidas fueron inspiradas por una gran fe. Ellos hacían la voluntad de Dios y estuvieron en el lugar que Él les indicó. Por esa razón, fueron generales usados de manera poderosa.

Pero cuando ellos dirigieron sus propios caminos y el orgullo subió a sus cabezas, algunos se enfermaron, otros tuvieron complicaciones en el ministerio, y algunos abandonaron el ministerio. Eso sucedió cuando ya no se sujetaban a la mano de Dios ni vivían las asignaciones proféticas tal como Dios les había ordenado.

Muchos de ellos se enfermaron en distintas etapas de su vida, sin embargo, Dios los usó para ministerios de sanidad. Por ejemplo, Kathryn Kuhlman, quien tuvo problemas cardíacos y estuvo enferma parte de su vida. Sin embargo, Dios la usó para sanar a tantas personas con problemas similares al suyo, y otras enfermedades.

Lo mismo sucedió con Smith Wigglesworth, quién padeció problemas renales, y, sin embargo, Dios lo usó como canal de sanidad para tantas personas. Otro ejemplo fue María Woodworth-Etter, que atravesó varias enfermedades antes de cumplir el llamado del Señor. Podría nombrar a muchos siervos de Dios que fueron tocados por la enfermedad.

El apóstol Juan nos enseña que aunque estemos en el entrenamiento de Dios para ser generales, no significa que viviremos sin enfermedad, pero tendremos el suficiente nivel de fe para ayudarnos a creer en Sus promesas y Su Palabra.

Si usted se siente enfermo, y considera que a causa de eso no puede ser un vaso usado por Dios, está equivocado. Crea las promesas que están en la Biblia, y Dios lo usará. Como un día Dios me sanó, así lo hará con usted.

Creo firmemente que Dios puede utilizar este libro para levantar su fe. Recuerde que si Él lo hizo por mí, podrá hacerlo por usted. Solamente debemos estar dispuestos a que nos use, nos entrene y nos envíe donde Él quiera, para cumplir Su propósito. Entonces veremos la gloria de Dios sobre nuestra vida.

2. Revista *Decisiones*, enero 2001, volumen 42

Capítulo 8

De Su unción a Su gloria

"A veces Dios nos enseña más en diez minutos que nos aislamos de este mundo, que lo que aprenderíamos en meses".

—Maria Woodworth-Etter

Como podemos disfrutar de Su gloria

Sed, pues, imitadores de Dios como hijos amados. Y andad en amor, como también Cristo nos amó, y se entregó a sí mismo por nosotros, ofrenda y sacrificio a Dios en olor fragante. . . . Porque sabéis esto, que ningún fornicario, o inmundo, o avaro, que es idólatra, tiene herencia en el reino de Cristo y de Dios. Porque en otro tiempo erais tinieblas, mas ahora sois luz en el Señor; andad como hijos de luz. . . . Y no participéis en las obras infructuosas de las tinieblas, sino más bien reprendedlas; . . . Mas todas las cosas, cuando son puestas en evidencia por la luz, son hechas manifiestas; porque la luz es lo que manifiesta todo. Por lo cual dice: Despiértate, tú que duermes, y levántate de los muertos, y te alumbrará Cristo. . . . Aprovechando bien el tiempo, porque los días son malos. Por tanto, no seáis insensatos, sino entendidos de cuál sea la voluntad del Señor. No os embriaguéis con vino, en lo cual hay disolución; antes bien sed llenos del Espíritu, . . . dando siempre gracias por todo al Dios y Padre, en el nombre de nuestro Señor Jesucristo.

—Efesios 5:1–2, 5, 8, 11, 13–14, 16–18, 20

8

La mesa estaba servida, las velas perfumaban el ambiente, y la carne cocinándose en el horno despedía un agradable aroma. Mis planes eran tener una noche romántica con mi esposo, pero los planes de Dios eran otros, y Él estaba cocinando otra cosa.

Como mi esposo aún no había llegado, fui a mi cuarto a orar. El teléfono comenzó a sonar, como la persona que llamaba insistía tanto, dejé de orar para atender ese llamado. Era una madre desesperada que buscaba ayuda para su hija que estaba muriendo. Ante la desesperación recurrió a su amiga, una líder de la iglesia, y le pidió que me llamara para que fuera al hospital a orar por su hija.

Ella sabía del ministerio que Dios me había dado y de cómo el Señor me usó para ayudar a otras personas envueltas en el satanismo. Su hija era víctima de un altar satánico. Ingresó en esa secta iniciándose con un simple juego con cristales de la Nueva Era; luego la situación se complicó. Tenía un pasado similar al mío, aunque yo nunca estuve vinculada con la Nueva Era.

Esa jovencita estaba internada en terapia intensiva. Su situación era grave. Ella estaba obsesionado con esos cristales y había invertido miles de dólares en ellos. Creía que no podía soltarlos porque fracasaría en sus creencias, y también le fallaría a su novio que le había regalado muchos de ellos.

Pero esa tarde, la muchacha le preguntó a su madre cuál era la razón de su obsesión por esos cristales y cómo había entrado en esta trampa sin darse cuenta. Pero en el instante que la madre le iba a responder, entra en estado de coma. La joven no obtuvo la respuesta que buscaba antes de entrar en un coma profundo.

La tristeza entró en esa habitación, la fe de la madre y de su amiga comenzó a decaer. Ellas sintieron que la muchacha moriría. La situación estaba muy complicada, y los médicos no podían hacer nada.

La madre comprendió que lo que estaba sucediendo era algo espiritual. El enemigo estaba tratando de llevarse a su hija antes de tiempo.

Cuando me telefoneó me dijo: "¡Por favor, ven al hospital a orar por mi hija! Sé que tu casa está a cinco horas de aquí, pero si es posible, toma un vuelo mañana por la mañana". En realidad, no sabía si podría ir, pero le dije que de todos modos oraría por ella y si el Señor me mostraba algo, la llamaría.

El Señor me mostró que no podía esperar al día siguiente. Debía tomar el próximo autobús hasta esa ciudad para orar por ella.

UNA NOCHE ROMÁNTICA

Recuerde que yo estaba esperando que mi esposo regrese de su trabajo para tener una velada romántica. Realmente no tenía deseos de tomar un autobús esa misma noche, y viajar cinco horas. En mi cartera no tenía mucho dinero, en mis viajes misioneros acostumbro a viajar por fe, utilizando el dinero que el ministerio tiene disponible. Tampoco le pediría dinero a mi esposo. Ese era realmente un problema y no sabía cómo resolverlo sino siendo obediente a Dios. Por lo tanto, cuando mi esposo llegara debía decirle lo que estaba sucediendo.

Sam, mi esposo, llegó a casa y se encontró con una mesa arreglada de manera especial para comer, y un olor sabroso a carne cocinándose.

—¡Qué sorpresa tan agradable!, —me dijo.

—Sí, mi amor, Dios nos tiene una sorpresa. El autobús Greyhound sale en cincuenta minutos, y debo tomarlo urgente para ir a orar por una muchacha que está muriendo en estado de coma, a cinco horas de aquí. El poco dinero que tengo es suficiente para tomar el autobús y viajar hacia allá, Dios se encargará de proveer el pasaje de regreso. Hay comida en el horno. Si puedes llevarme ahora mismo a la estación, te lo agradecería, —fue mi respuesta.

Sam se quedó pensando durante unos segundos, y me contestó:

—¿Cuándo regresas, y dónde te quedarás a dormir si no llevas dinero?

—Mis planes eran una noche romántica contigo, pero los planes de Dios no los conozco. Solamente sé que el Espíritu Santo quiere que tome un autobús por fe, con el dinero que dispongo, y luego pensaré dónde quedarme. Cuando llegue a ese lugar serán como las dos de la mañana. Iré al hospital a orar por la muchacha, por lo tanto no tendré necesidad de un lugar para dormir esa noche. Cuando llegue te llamaré para contarte que sucedió, —fue mi respuesta.

Esa noche el Señor me mostró algo hermoso. Comprendí que Dios me había regalado un esposo que respetaba el hecho de que yo viajara por fe, sin saber cuándo ni cómo regresaría. Un esposo dispuesto a quedarse con nuestros niños y pagar el precio de cenar solo, en un ambiente romántico.

En cambio yo estaba tratando de vivir en una asignación profética, y este era uno de esos mandatos que Dios me estaba dando. Él tenía a cargo mi agenda y lo único que yo debía hacer era obedecer.

Cuando somos obedientes... Él nos respalda con Su unción

Llegué a la estación, subí al autobús y en ese momento la unción de Dios cayó sobre mí en una manera sobrenatural. Su unción era como una capa que me cubría, por momentos me producía un calor semejante al fuego, y luego me sobrevenía una paz refrescante del Señor y un aceite fresco.

Es difícil explicar lo que sentía en ese momento, pero sabía que tenía un deseo tan grande de disfrutar de Su presencia, que me olvidé que estaba en el autobús. Eran pocos los pasajeros que viajaban esa noche. En una parada subieron cuatro personas que se sentaron cerca de mí. A los cinco minutos se levantaron y se fueron a la parte trasera del autobús. No entendí la razón de ese movimiento, porque mi cuerpo estaba limpio. Luego comprendí que no podían resistir la unción. En la siguiente estación subieron tres personas más, y sucedió lo mismo. Se sentaron cerca de mi asiento, y luego de un momento, mientras yo tenía mis ojos cerrados, se levantaron y se fueron a otros lugares.

La gloria de Dios estaba sobre mí y ellos no se sentían cómodos con lo que estaba sucediendo en el mundo espiritual. Esa noche aprendí una lección. Necesitaba de esas cinco horas en el autobús para prepararme en la presencia del Señor. Si hubiese conducido mi automóvil, mi preocupación sería si podría llegar, ya que no estaría segura de que soporte cinco horas de viaje, porque es muy antiguo.

Mientras el chofer hacía su trabajo, yo disfrutaba de la unción del Espíritu Santo. En ese viaje comprendí que cuando somos obedientes al Señor, Él nos respalda con Su unción.

Él la levantaría de esa cama

Cuando llegué al hospital, entré al cuarto de terapia

intensiva y hablé con las enfermeras. Ellas me pidieron todo tipo de identificación, porque eran las dos de la madrugada y yo no conocía a la muchacha. La familia no estaba con ella porque vivían en California, y la enfermera creía que su mamá se había ido a dormir a su casa. Eso no era posible, porque la mujer me estaba esperando.

La busqué y la encontré durmiendo en un cuarto. La desperté y fuimos a ver a su hija. Antes de eso la enfermera volvió a solicitarme todo tipo de documentación. Un nuevo bloqueo que debía superar. Pero pude comprobar que mi ordenación como "Reverenda" y poseer un título que casi nunca uso, sólo para entrar a cuartos de cuidados intensivos en hospitales, me ayudó.

Finalmente pude entrar. Ellos me dieron sólo diez minutos para estar con la muchacha. Pero es tiempo suficiente cuando Dios quiere hacer algo. Con la poca fe que tenía, pero con la unción que estaba sobre mí, entré en ese cuarto. La muchacha era joven y hermosa, pero su cara parecía la de una anciana. Su tez era de color amarillo, sus ojos estaban metidos hacia dentro. La joven lucía como muerta. Hacía varios días que estaba en coma, pero discerní que algo espiritual estaba sucediendo. Un espíritu de muerte estaba atormentando esa vida.

Sentí la paz del Señor cuando supe que Él la levantaría de esa cama. Yo acababa de llegar de una cruzada en Brasil, donde conocí a un siervo que Dios había usado para levantar a muertos de su lecho, y sanar a enfermos terminales.

Ese hombre de Dios me enseñó varias cosas. Una de ellas fue que si queremos que Dios nos use para levantar a una persona muerta espiritualmente, emocionalmente, o físicamente, no debemos temerle al espíritu de muerte. Ese miedo roba la fe que usted tiene, y no podrá reprender ni atar a ese demonio, tampoco podrá echarlo fuera con poder y autoridad.

Mientras estaba frente al cuerpo tendido de la muchacha,

recordé esa enseñanza, y no le temí al espíritu de muerte. Más de diez veces estuve cerca de la muerte y Dios siempre me guardó. Si pudo hacerlo conmigo, podía hacerlo con esa muchacha. Ella necesitaba que Jesús entre en la habitación, tal como lo hizo cuando yo estaba muriendo en el hospital, y la levante de ese lecho de muerte.

Oré al Señor con la autoridad y poder que nos da el nombre de Jesús, diciendo:

> *"Estamos aquí como vasos rendidos delante de ti, y te pido que entres a esta habitación y ministres a esta muchacha. Por ignorancia entró en la Nueva Era y se envolvió en el satanismo. Ella desea buscar más de ti, porque momentos antes de entrar en estado de coma estuvo preguntando, y no alcanzó a recibir la respuesta que buscaba. Señor, te pido que entres en esta habitación y la toques. Yo ato al hombre fuerte, espíritu de muerte, y lo echo fuera de la sala. Tomo la autoridad que Dios me da, y declaro que esta muchacha será levantada de este estado de coma. En el nombre de Jesús. Espíritu Santo, ven con tu unción, y, Señor, entra en esta habitación".*

No pasaron ni tres minutos, cuando la joven se levantó, se sentó en la cama, y con sus ojos cerrados escupió una bola de pelos de animales y de humanos, todos enredados, del tamaño de un limón. Nunca, en doce años ministrando liberación, había visto algo así. Luego de ese, ministré dos casos de similares condiciones.

Eso sí me sorprendió. No esperaba que saliera eso de su cuerpo. La muchacha continuó con los ojos cerrados y en silencio. A los pocos minutos comenzó a decir: "Señor Jesús, yo te veo, te veo delante de mí. Gracias por no dejarme morir. Dame más tiempo para estar aquí y disfrutar de mi mamá. Señor, perdóname por todo el tiempo que estuve envuelta en el ocultismo, aun después de haberte conocido. Quiero que me uses".

La gloria de Dios llenó esa habitación y la muchacha abrió los ojos, miró a su madre y le dijo: "Mamá, Jesús acaba de hablarme. Me dijo que me quedaré un tiempo más contigo. Pero, ¿quién es esta mujer y qué hace aquí? ¿Qué me pasó? No siento más dolor. ¿Por qué estoy en este hospital? Dime, ¿no ves a Jesús delante de mí?".

Lágrimas comenzaron a correr por el rostro de la madre, y yo me quedé inmóvil. Me sostuve de la cama porque pensé que me caía. No vi al Señor, pero sentí Su presencia tan fuerte como el día en que entró a la habitación del hospital donde yo estaba. Y sabía que estaba delante de mí.

Jesús había entrado en esa habitación

Esa fue una de las experiencias en las que todo mi ser dijo: "¡Por favor, quédate Señor!". También le dije: "Señor, te doy toda la gloria por lo que he visto en este día. Permite que este vaso pueda ser útil para testificar lo que Tú has hecho". Nunca pensé que contaría esta historia en un libro, pero por obediencia al Señor lo estoy haciendo.

Ese día descubrí la misericordia y compasión que Dios tiene con sus hijos. Tantas veces buscamos de Su poder, pero no nos damos cuenta del grado de compasión tan grande que Dios tiene. Cuando su compasión se demuestra, su amor se derrama sobre alguien, y se produce un cambio, una transformación que a veces no sucede cuando su poder fluye.

Muchas personas ven el poder de Dios derramarse en una reunión, y ni se conmueven, no les importa, tampoco se emocionan. Sin embargo, es difícil mantenerse con los ojos sin lagrimas cuando vemos la compasión de Jesús en acción. Al ver Su amor derramado en una persona, y Su mano sanadora actuando.

Ser partícipes de la compasión de Dios es más profundo que ver Su poder manifestado en una reunión. Cuando Su unción fluye, y Su gloria se manifiesta en la misma habitación, la nube de gloria llena ese lugar de una manera increíble. Todo nuestro ser siente una electricidad. Si usted nunca vivió esa experiencia, pídale al Señor que le permita hacerlo. Le aseguro que no debe esperar atravesar una situación límite para ello, simplemente debe buscar Su rostro con todo su ser y tener el deseo de que Él entre en su habitación, entonces Su presencia llenará el lugar.

Esa muchacha estaba buscando del Señor antes de caer en estado de coma, y Dios la visitó de una manera especial; y aunque no lo vi, supe que estaba allí. Todo esto sucedió en cuestión de minutos, porque aún no había pasado el tiempo que habían establecido para mi visita.

Cuando la enfermera regresó quedó sorprendida porque la muchacha era otra persona. Estaba sentada en la cama como si no hubiese tenido nada. Los estudios que luego le hicieron confirmaron su sanidad.

Cuando la enfermera entró, yo arrojé la bola de pelos en el cesto de basura, para que ella no lo viera. Cuando preguntó que había pasado, le respondí que Jesús había entrado en esa habitación, había tocado a la muchacha y la levantó de su lecho de muerte. La enfermera creía que yo estaba loca. Su mirada evidenciaba que no entendía nada de lo que dije. La miré y le dije: "Gracias por permitirme entrar y orar por la muchacha. La madre quiere quedarse un momento más, si usted se lo permite. Por favor, dígale que la estaré esperando afuera".

La enfermera permitió que esos diez minutos se convirtieran en una hora para que esa madre disfrutara de un momento tan especial con su hija, que seguramente nunca olvidarían. Esta fue una de las tantas historias que Dios me permitió ver Su gloria entrando en la habitación de un hospital.

Si usted conoce a alguien que necesite leer este libro, ya sea que esté internado en un hospital o no, regáleselo, y sé que Dios lo usará para ministrarlo.

¡Déjanos aquí Señor, no nos saques de este lugar!

Debemos entender que estar debajo de la gloria del Señor es mucho más que disfrutar de Su unción. Dios trata de enseñarnos esto también a través de historias bíblicas. Dios permitió que sólo tres de los doce discípulos estuvieran presentes cuando Jesús se transfiguraba en el monte. Allí había mucho espacio y algunos discípulos más podrían haber sido escogidos para vivir ese momento tan especial. Pero la Biblia no dice la razón del por qué sólo Pedro, Santiago y Juan tuvieron ese privilegio. Tal vez fue porque ellos pagaron el precio, y porque hacían lo correcto.

El cambio sobrenatural de la apariencia de Jesús —la transfiguración— fue una vislumbre de la gloria del Rey. Esta revelación especial de Jesús a tres de sus discípulos, y la presencia de Moisés y Elías, confirmó la misión mesiánica de Jesús. La voz de Dios en la transfiguración dio autoridad a las palabras de Jesús.

Pedro quería prolongar el momento. Quiso construir tres refugios, para que Jesús, Moisés y Elías se quedaran. Era hora de alabar y adorar, y no de actuar. Con sus sugerencias, Pedro nos comunica que su corazón estaba actuando, pero también estaba diciendo: "¡Por favor, quédate Señor!".

Estoy segura que en ese momento Pedro quería disfrutar de la gloria de Dios que estaba allí y no quería que Jesús se fuera. Pero observe qué interesante es entender que él quería construir tres refugios, uno para Jesús, otro para Moisés y el último para Elías, pero, y ellos, ¿dónde se quedarían?

Él no pensó en sí mismo, ni en Santiago o en Juan.

Solamente pensó en Jesús, Moisés y Elías. De lo contrario hubiera querido construir seis refugios. Pedro estaba viviendo un momento de gloria muy especial. Le aconsejo que tome el tiempo y lea la historia completa en los libros de Mateo 17:1-13, Marcos 9:2-13, y Lucas 9:28-36.

En nuestro camino de bendición veremos muchos milagros. Dios quiere llevarnos más allá de Su unción. Quiere que sintamos Su presencia, pero que también veamos Su gloria. Hay momentos en que la nube de Su gloria nos rodea y queremos hacer una enramada diciendo: "¡Déjanos aquí Señor, no nos saques de este lugar!". Deseamos que esas cruzadas o esas reuniones intensas de unción duren por mucho tiempo.

Pero esos momentos gloriosos no solamente deben pasar cuando la congregación está reunida, sino también en los momentos de intimidad en la presencia del Señor. Ese termómetro medirá su hambre espiritual. Usted verá la gloria de Dios si tiene hambre espiritual, hambre de oración.

Mover el corazón de Dios

Dios se mueve en la medida en que lo haga su corazón. Si su corazón no es movido en oración, no moverá el corazón de Dios. Si anhela disfrutar momentos a solas con Jesús, disfrutar de Su presencia y Su gloria, ¡dígaselo!

De no ser así, evalúe qué le está quitando ese deseo de estar en Su presencia. Examine su vida y medite acerca de lo que necesita quitar de ella, qué le está robando ese anhelo de oración, esa pasión por Jesús.

El Señor lo ministrará a través de Su Palabra de acuerdo a lo que usted necesite, en el momento exacto. Busque en la intimidad de su habitación lo que Dios quiere poner de manifiesto sobre su vida.

Es sumamente importante buscar a Dios, y el Espíritu Santo lo guiará a través de las Escrituras. Las promesas que están escritas en la Biblia son para el momento y el problema específico que usted esté atravesando en este instante de su vida. En ella encontrará la respuesta, y verá que Dios quiere ungir su vida.

Dios me había dado una palabra profética específica para unos pastores brasileños. Ellos estaban viviendo situaciones especiales en sus iglesias y habían llegado a Tennessee desde Brasil.

Estos pastores no me conocían, y tampoco a mi familia. A su vez, yo no sabía nada acerca de ellos. Pero Dios me dio el privilegio de ministrarlos. Este encuentro me brindó la posibilidad de viajar a Brasil. Realizaban allí una cruzada, y me invitaron a ministrar. Dios me concedió el honor de participar de una cruzada con tantos siervos a los que Él usaba de manera poderosa en Brasil.

Pensé: ¿qué podía yo enseñarles a estos hombres de Dios con toda la experiencia que ellos tienen? Y el Espíritu Santo me contestó: "Tú no puedes enseñarles nada, pero yo te puedo usar para hacerlo".

Comprendí entonces que yo nada podía enseñarles, pero la unción que estaba sobre mí lo haría. Por lo tanto, no sabía acerca de qué quería Dios instruirles. Luego me enteré que ellos no creían que Dios podía usar a una mujer y mucho menos en palabras proféticas y de ciencia, tan específicas.

Mujer muerta que camina

Aunque no me considero profeta, reconozco que hay un manto fuerte en mi vida y que Dios me usa muchas veces en esa área. Esta fue una de las ocasiones en que Dios me enseñó que Él abre una puerta cuando quiere llevarnos a algún lugar.

Antes de entrar a la conferencia estuve en un cuarto con diferentes pastores que participaban de la convención. Me presentaron a un pastor que Dios estaba usando en el norte de Brasil, cerca del Amazonas. Él ministraba a personas que estaban cerca de la muerte, incluso muertas. Luego de un tiempo de conversación recuerdo algo que me llamó la atención, él dijo: "Dios te usará para levantar a los que están muertos espiritual y emocionalmente, a los que están atados y caminan como si estuvieran muertos, pero primeramente debes ser una mujer muerta que camina".

Al principio no comprendí lo que quería enseñarme, luego me explicó mejor: "Cuando estás muerta a tus deseos y ya no quieras hacer tu voluntad, caminarás bajo la guía del Señor cumpliendo Su voluntad. Entonces serás una mujer muerta caminando". Esa fue una gran lección, esa noche también me enseñó, como antes cité, a no temerle al espíritu de muerte. Ese pastor había orado por más de veinticuatro personas que habían muerto y luego resucitaron.

Esa noche Dios me había dado una palabra para que predicara y era acerca de la muerte de Lázaro y las tres palabras que Jesús usó. Basada en el evangelio según San Juan 11:43, llamé a esa prédica: "Lázaro, ven fuera".

Cuando conocí a este pastor, lo único que quería era escuchar esas tremendas historias de personas resucitadas por el poder de Dios. Pero no había mucho tiempo, porque la cruzada estaba por comenzar. Entonces le pregunté al pastor principal, encargado del evento, por qué no dejaba que este siervo predique, ya que el mensaje que Dios me había dado él ya lo había vivido, y yo nunca antes había pasado por una situación semejante. Recuerde que la experiencia con la aquella muchacha en terapia intensiva no había acontecido aún. Me explicaron que el pastor había viajado durante muchas horas y quería descansar. Por lo tanto, esa noche la invitada a predicar era indefectiblemente yo. En ese momento me sentí intimidada, y hasta un poco incomoda, ya que creí que no me correspondía ser la mensajera de esa noche.

El siervo captó mi mirada y entendió lo que me estaba pasando, entonces me pidió que orara por él. Aunque en realidad mi deseo era que él imponga sus manos y ore por mí. Pero Dios me estaba mostrando algo.

Este gran hombre me dijo: "Si te sientes intimidada, es porque todavía no estás lo suficientemente muerta. Cuando las personas aún pueden afectar la forma en que tú te sientes, es porque todavía hay algo de carne viva en ti y que está movilizada por las emociones que recibes. Necesitas estar muerta. Entrégate completamente al Señor y deja que Él te use esta noche, porque tienes un mensaje de Dios para mi vida".

Cuando intenté imponer mis manos sobre este siervo para orar, me sucedió algo que nunca antes me había pasado. Contrariamente a lo que sucede habitualmente, fui yo quien cayó bajo el poder de Dios y él quedó parado. Me levanté totalmente borracha en el espíritu, y el siervo me preguntó: "¿No vas a orar por mí?". Lo hice, y la gloria de Dios llenó aquel lugar y ministró a todos los pastores presentes de una manera gloriosa.

No se puede usar la unción para levantar ningún ministerio

Finalmente le expresé mi curiosidad por conocer algunas de sus experiencias. Me habían comentado que muchas de las personas por las que él había orado viven en pequeños pueblos casi desconocidos cercanos al río Amazonas. Ellos fueron sanos y ahora ministran en pequeñas iglesias en el centro de la selva.

Su comentario fue el siguiente: "Esas personas hacen una gran obra para Dios. No tienen grandes ministerios, pero están en el perfecto llamado de Dios. Él los usa de una manera poderosa".

Yo quería que me contara más, ya que algún día quería

transcribir estas vivencias en un libro, para que otras personas supieran que lo que sucede en Brasil. Nunca había escuchado en los Estados Unidos, que tantas personas hayan sido levantadas de la muerte. Si así fuera, la noticia ya estaría en todos los canales televisivos, y se hubiera levantado un tremendo ministerio. Pero él me contestó: "Es que no se puede usar la unción para levantar ningún ministerio. Eso es abusar de ella e intentar venderla".

No podemos exponer la gloria de Dios con plan de mercado, o promoverla para levantar un ministerio o ganar fama.

Reconocí en este siervo a uno de los generales de Dios, ya que él estaba en la perfecta voluntad del Señor, según lo que supe acerca de su testimonio de vida. Lo cual vi confirmado cuando me pidió que al transcribir sus palabras e historias de este encuentro, no escriba su nombre. "No es importante usar mi nombre porque de Dios es toda la gloria, y no quiero nada que aumente mi ego. Los pastores que están a mi alrededor saben quién soy", me dijo.

Solamente quien está muerto al "yo", a su carne y deseos puede ser obediente a Dios en todas las cosas para caminar de Su unción a Su gloria. Recién entonces sus ojos espirituales verán y sus oídos espirituales serán abiertos, entonces comprenderá lo que sucede en el mundo espiritual. Pero usted debe estar dispuesto a pagar el precio de caminar "muerto".

La sorpresa de Dios

Finalmente llegué hasta el púlpito. Traté de sostenerme porque pensé que me caería. Comencé a predicar lo que Dios quería que enseñara. Esa noche, cientos de personas fueron salvas. Tiempo después me enteré que una señora que conoció a Dios esa noche cerró una casa de prostitución que ella dirigía.

Las palabras proféticas y de ciencia fluyeron sobre mí esa noche y Dios liberó muchas vidas. Aquellos que no creían que Dios usaba a mujeres para ministrar, descubrieron que estaban equivocados. Aunque ellos me habían pedido que no orara en manera particular por las mujeres y su ministerio, esa noche ellas fueron tocadas por Dios sin que yo les imponga mis manos. Las mujeres cayeron bajo el poder de Dios. La sorpresa fue que los hombres quedaron de pie. Dios usa la estrategia que sea necesaria para satisfacer el hambre del pueblo, y enseñar lo que Él desea para llevarnos de Su unción a Su gloria.

No sé lo que usted le está pidiendo hoy al Señor, ni sé lo que necesita. No sé si entiende mucho lo que estuve contándole, pero mi deseo es que encuentre en estas páginas la motivación de buscar el rostro de Dios de una manera especial, para que Él derrame Su unción sobre su vida.

"Espíritu Santo, toma el control"

Muchos cristianos atravesaron desiertos espirituales y vieron el poder de Dios. Sin embargo, algunos de ellos no fueron transformados. Mas cuando la nube de Su gloria viene sobre nuestra vida, algo cambia en nuestro ser. Cuando Dios ve el hambre del pueblo, reacciona enviando Su unción y gloria. De esa manera las barreras religiosas son rotas, y luego Él mismo se encarga de explicar lo sucedido.

Hace muchos años, poco tiempo después que comencé a predicar, acepté una invitación que tenía condiciones. El pastor me había dicho que no quería que hiciera ningún llamado al altar por salvación. Tampoco quería que hable en lenguas ni que ministre sanidad con imposición de manos. Solamente debía compartir mi testimonio.

Aunque generalmente, luego de relatar mi testimonio me gusta hacer todo lo que me habían pedido que no hiciera, me sujeté a las sugerencias del pastor, y antes de subir al púlpito oré: "Espíritu Santo, toma el control".

Cuando aún no había terminado de compartir mi testimonio, algunas personas —en una congregación de doscientas— comenzaron a ser tocadas por el Señor. Una mujer empezó a llorar y a caminar entre las bancas. Al llegar al frente, mirándome me dijo: "Quiero aceptar a Cristo como mi Salvador. Tenía un fuerte dolor en mi espalda y ya no lo tengo más. Al oír su historia pude entender que si Él pudo hacerlo por usted, también lo hará por mí".

Ella se movió de su comodidad, atravesó las barreras, y expresó su deseo de encontrar a Dios. También dijo: "Necesito encontrar al pastor, ¿dónde está? Necesito que ore por mí". Al buscar con mis ojos la mirada del pastor que estaba parado atrás, descubrí que había caído al suelo y estaba borracho en el espíritu.

Entonces alguien dijo: "El pastor está aquí, pero está en el piso y nadie puede levantarlo". Esa gente no estaba acostumbrada a ver esas cosas. En mi interior quería reírme, pero no lo hacía para que no parezca una burla. Y pensé: "Señor, has puesto tu cuota de humor, porque al primero que tocaste fue al pastor". Me sonreí y le dije a esa señora: "Vamos a esperar al pastor para que ore por usted". Yo quería respetar su pedido de no orar por las personas.

Entonces se escuchó a alguien decir por atrás: "Pastor, están esperando que usted vaya y ore por una persona que quiere aceptar a Cristo". El pastor intentó pararse, y cuando casi lo estaba logrando, el Espíritu Santo nuevamente lo vuelve a tumbar. Entonces dice: "Dile a Amparo que tiene toda libertad, que haga el llamado y ore por las personas". En ese momento la gloria del Señor llenó ese lugar, y doce personas aceptaron al Señor.

Dios usó el hambre de ese pueblo y el deseo de Su sierva por ver más del Señor, y decidió tocar esas vidas. También quiso mostrar Su gloria y Su poder al resto de la congregación que no estaba acostumbrada a verla.

Anfitriones del Espíritu Santo

La Biblia nos enseña que nuestro cuerpo es templo del Espíritu Santo. Él habita allí, en Su templo, en nuestra vida, en nuestro corazón. Al ser conscientes que nuestro invitado de honor vivirá con nosotros, debemos considerar ciertas áreas para recibir a nuestro Gran invitado. Como anfitriones del Espíritu Santo debemos tener en cuenta lo siguiente: *(Si su casa está limpia, entonces estas palabras le servirán para compartirlas con otros.)*

1. Limpiar nuestra casa espiritual y emocionalmente para que el Espíritu Santo habite en ella.

Cuando nos preparamos para recibir visitas tenemos en cuenta todos los detalles necesarios para que la estadía de nuestro huésped sea confortable. De la misma manera debemos preparar nuestro corazón, para que esté limpio y así poder recibir al Espíritu Santo para que habite en nosotros.

Usted es responsable por la limpieza física y emocional de su vida. En cuanto a la limpieza física necesitamos deshacernos de cosas que puedan ofender al Señor y que mantienen atada nuestra mente hasta hacernos sentir sucios o contaminados. Por ejemplo, la pornografía. Sabiendo que el Espíritu Santo vivirá con usted, no querrá que nada obsceno y pecaminoso esté en la casa.

La limpieza emocional involucra nuestros sentimientos de venganza, odio y falta de perdón. También de ellos debemos limpiar nuestra alma. Recuerde que el Espíritu Santo no puede vivir rodeado de basura, que con el tiempo emana mal olor.

2. Limpiar nuestra casa de contaminación espiritual, como ídolos, ofensas al Señor, o puertas abiertas al mundo demoníaco.

Hay cosas que contaminan la atmósfera espiritual de

nuestra vida. Por ignorancia o por compromisos familiares, conservamos en nuestro hogar artesanías o recuerdos que son regalos, y de los cuales estamos totalmente seguros que no agradan a Dios.

A veces nos regalan ciertos ídolos de otros países, traídos como artesanías, que fueron dioses paganos. Al permitir que ese ídolo esté en nuestra casa, estamos concediendo terreno al enemigo y contaminando el ambiente familiar y espiritual.

También sabemos de regalos o elementos que fueron parte de trabajos de brujería y magias blanca o negra, y que aún conservamos en nuestra casa. También hay imágenes de vírgenes y santos que alguna vez nos regalaron de pequeños, y que creemos que es una ofensa tirarlos. Esas cosas no deben estar en la casa, debe deshacerse de ellas y romper todo pacto de idolatría o brujería que se hicieron con esos elementos. Ore a Dios para que Él le muestre todo lo que hay en su casa y que debe ser quitado. Si aún tiene dudas del origen de algún objeto, es preferible que lo tire. Todo aquello que lo intranquiliza y le genera dudas acerca de su origen, debe echarlo fuera y despreocuparse de eso.

3. Limpiar nuestro corazón de contaminaciones, especialmente en la integridad y falta de unidad en un corazón dividido.

Si hay falta de integridad en nuestra vida, si nuestros principios morales y éticos se vieron afectados, debe limpiar esta área de su vida. Una muchacha que trabajaba en una iglesia, comenzó a robar las estampillas de correo. Cada semana se llevaba cuatro o cinco estampillas para enviar sus cartas personales. Al final del año, el dinero que se había robado en estampillas era mucho. Imagínese la suma que había alcanzado luego de once años de haber trabajado en esa iglesia. Ella había usado una gran cantidad de dinero de las ofrendas para pagar las estampillas. Llevarse estampillas, papeles o lápices, que pertenecen al trabajo, para su casa, era un robo. El pastor no sabía nada de lo que sucedía allí, tampoco la congregación. Pero, una noche, mientras predicaba en esa iglesia, el Señor me mostró que en la congregación había una persona con espíritu de robo, y me dijo: "Me están robando las estampillas de correo". Aunque al principio no entendí, luego de ministrarle, comprendí la historia que acabo de relatar. Ése era dinero del Señor. El espíritu de robo había abierto la puerta y entrado en esa vida. Esta mujer debía recuperar su integridad en todas las áreas de su vida, y quitar todo lo que contaminara su ambiente espiritual.

Su corazón estaba dividido. Una parte quería vivir con buen testimonio, pero la otra deseaba quedarse con las estampillas. El corazón dividido no agrada a Dios. Por lo tanto, debemos revisar si hay alguna puerta abierta que permita la entrada de maldición a nuestra vida y que entristezca al Espíritu Santo.

Los pensamientos y el corazón están conectados. Si el corazón no agrada a Dios, sus pensamientos tampoco le agradan. Si hay mentiras en su corazón y no está agradando a Dios, es porque su corazón está dividido. Pídale al Señor que una su corazón, y quite toda mentira de su boca.

Proverbios 6:16-19 dice que Jehová aborrece seis cosas, entre ellas, los ojos altivos, la lengua mentirosa, las manos derramadoras de sangre inocente, el corazón que maquina pensamientos inicuos, los pies presurosos para correr al mal, el testigo falso que habla mentiras, y el que siembra discordia entre hermanos.

Si hay discordia en su vida y participa de mentiras, pídale al Señor que una su corazón, para vivir en integridad.

4. Examinar el nivel de hambre espiritual, y revisar las decisiones que afectan la relación con el Señor.

La mejor manera de examinar su vida espiritual es midiendo su nivel de hambre de Dios. A lo largo de este libro hemos hablado de muchas decisiones espirituales que necesitan tomar aquellos que buscan la gloria y unción de Dios. Repase los diferentes temas que le he presentado hasta aquí y examine su vida espiritual.

Si no tiene deseos de orar, entonces necesita que Dios toque su vida y restaure su vínculo de oración. Como hijos de Dios, es natural que sintamos deseos de hablar con nuestro padre. Cuando esa relación está rota o enferma, necesita restauración. Medite sobre su relación con el Señor, la comunicación necesita de dos personas. Dios está esperando que nos comuniquemos con Él, que lo busquemos, y que sintamos deseos de estar en Su presencia.

No permita que nada de lo citado hasta aquí le robe el deseo, el hambre espiritual por tener una relación intensa de gloria y unción con el Espíritu Santo.

> "Si se humillare mi pueblo, sobre el cual mi nombre es invocado, y oraren, y buscaren mi rostro, y se convirtieren de sus malos caminos; entonces yo oiré desde los cielos, y perdonaré sus pecados, y sanaré su tierra. Ahora estarán abiertos mis ojos y atentos mis oídos a la oración en este lugar; porque ahora he elegido y santificado esta casa, para que esté en ella mi nombre para siempre; y mis ojos y mi corazón estarán ahí para siempre".
>
> —*2 Crónicas* 7:14-16

Epílogo

¡Por favor, quédate Señor!

Es necesario reconocer la diferencia entre la unción y la gloria de Dios. Cuando la gloria de Dios entra a una sala, es como estar en el lugar santísimo, un lugar de oración en comunión e intimidad con Dios. La gloria es la manifestación de Su presencia.

Es entonces que, luego de conocer esta vislumbre de gloria, usted anhela que aquello que siente, esa presencia que lo hace olvidar del resto del mundo, de los problemas, de las tragedias de la vida, no desaparezca nunca. Se encuentra totalmente envuelto en la nube de Su presencia, en la gloria. En ese instante, el corazón eleva un mensaje en forma de oración diciendo: "¡Por favor, quédate Señor! ¡No te vayas! No quiero perder esto que siento, por ver lo que me rodea". Esa presencia es la que lo introduce a una dimensión donde lo único que realmente necesita es sentir y vivir en la presencia de Dios. A partir de allí, nuestro cuerpo no se conforma con quedarse en un nivel de entrega inferior al que experimentó en ese momento. Lo único que necesita es la presencia de Dios, y nada más.

Los problemas y las dificultades que nos rodean, nos marean, nos distraen del objetivo y no permiten que bebamos de la gloria de Dios. Pero desde lo profundo de nuestro corazón sabemos que necesitamos hallar esa presencia que será la única manera de continuar: vivir momentos en la gloria de Dios.

No me refiero a los hermosos instantes de unción que se experimentan cuando la iglesia está reunida, sino a alcanzar ese mismo nivel de gloria, pero en su intimidad, en su habitación o lugar de oración. Para ello debe detectar cuáles son las causas que impiden elevar su nivel de hambre espiritual.

El enemigo pone trampas para quitarnos ese apetito espiritual de buscar el rostro de Dios. Me refiero a un punto en que la guerra espiritual llega a un nivel más elevado, en el que ya no estamos constantemente peleando sino que buscamos el rostro de Dios con desesperación, de manera tal que el diablo sepa que es tan firme nuestra decisión de buscarle, que no nos puede atacar. Ya no gastamos nuestra energía en reprender al diablo, sino en buscar el rostro de Dios.

Smith Wigglesworth, el apóstol de la fe, relató una experiencia en la que el diablo había entrado a su habitación y él ni siquiera le prestó atención. Simplemente le dijo: "¿Eres tú diablo?", y se dio vuelta sin temor. Estaba tan conectado con Dios que no le dio importancia, ni siquiera se detuvo a reprenderlo.

Tuve el privilegio de colaborar con grandes siervos de Dios. En esas oportunidades el Señor me llevó a experimentar Su gloria. La he visto descender en cada reunión.

Aun en la intimidad de mi habitación, la nube de gloria descendió para llenarme. Momentos en los cuales Su presencia era tan fuerte que ni siquiera podía moverme porque temía perder lo que sentía, distraerme y que la gloria se vaya. Momentos en los que escucho la voz de Dios tan cerca, que es maravilloso.

¡Ese es mi anhelo! Que usted pueda experimentar estas dimensiones espirituales de Dios para su vida, y alcanzar una intimidad con Él y transitar la gloria de Su presencia hasta el punto en que se olvide del mundo que lo rodea y sólo pueda decirle: *¡Por favor, quédate Señor!*

—A. G. Rodríguez

Apéndice A

Guía de estudios para el Ministerio de liberación

Pasos a la victoria

Hay varios aspectos que conocer para poder entender el concepto de liberación y quiénes la necesitan. Esta herramienta nos ayuda para compartir con otros sobre lo necesario para vivir y caminar en victoria.

Hay ciertos puntos que ayudan a saber cómo mantenerse libre. Muchos creen que pueden salir de su situación y condición de una manera más fácil, pero esto no es así. Vivimos en una sociedad de comidas rápidas y poco tiempo, por lo tanto creen que la liberación es solamente la imposición de manos y todo terminó, pero no es así. Debe aprender principios de vida que lo mantendrán en victoria. Las siguientes sugerencias y la Palabra de Dios le ayudarán a mantenerse libre en Cristo.

No darle espacio al diablo. Cuando le damos lugar a Satanás, él toma terreno. Muchas veces le damos oportunidades al diablo y él se toma de eso para avanzar sobre nuestra vida. Él no respeta a un cristiano que le abre la puerta (Efesios 4:26-27).

Se puede echar fuera al demonio pero no se puede echar fuera al terreno que se le dio. La liberación no será definitiva a menos que se tome el lugar (el terreno) que el diablo tomó. Al derribar las fortalezas del enemigo, este debe huir, pero luego es necesario mantener el lugar donde se desenvolvió con libertad.

Necesitamos arrepentirnos y confesar nuestros pecados. No hay sustituto para el arrepentimiento y la confesión. La vida cristiana se mantiene mediante una actitud de arrepentimiento, confesión de pecados y recepción del perdón que Dios ofrece. El hombre y la mujer son responsables por lo que escogen y por la respuesta que se da sobre el error.

Practicar la autodisciplina. El arrepentimiento y la liberación no dan disciplina al individuo. La disciplina es muy diferente a crucificar la carne, es poner orden en la vida. La mayor parte del trabajo del diablo se centra en el desorden, su mayor puerta de ingreso.

No se puede crucificar a los demonios ni echar fuera a la carne. Nuestra carne debe ser crucificada y los demonios expulsados. Ambos aspectos darán la libertad deseada, pero debemos entender la diferencia.

No hay sustituto para el perdón. Necesitamos perdonar a quienes trajeron raíces de amargura o de odio a nuestra vida. Debemos quitar esas raíces que contaminan nuestro corazón y modifican nuestra actitud hacia la liberación.

La importancia de la verdad. El conocimiento bíblico nos mostrará el camino hacia la verdad. La Biblia nos explica la verdad acerca de la redención de Cristo, la verdad concerniente a las obras de Satanás y la verdad sobre uno mismo. La liberación es el paso que la persona necesita para llegar a la verdad. Al ser libres podremos saber la verdad que está en la Palabra de Dios.

El poder de Dios contra el poder de Satanás. Debemos comprender que el poder de Dios es más fuerte y poderoso que el de Satanás. El diablo solamente respetará a alguien más poderoso que él. El hombre fuerte primero tiene que ser atado y luego, mediante la autoridad que tenemos en Cristo Jesús, debemos enfrentarlo y echarlo.

Para mantenerse libre también es necesario conocer los recursos que Dios nos ha dado para ello. Esos son los puntos que nos ayudarán:

Armas para la batalla. Dios nos dio las armas necesarias para librar batallas: ayuno, oración y actitud correcta.

Conocer al enemigo. Podremos saber contra quien luchamos, cuáles son sus costumbres y artimañas, a través de las enseñanzas de Su Palabra.

Armadura de Dios. La importancia de vestirnos con la armadura de Dios (Ef. 6:10-18). Nuestra lucha no es contra carne ni sangre sino contra potestades de maldad. Vestidos con esa armadura tendremos la posibilidad de enfrentarnos al enemigo. Aquellos que se encuentran oprimidos por un demonio necesitan usar esta armadura que enseña la Palabra de Dios. Entonces se alcanzará poder para recibir lo que Dios tiene para su vida.

El Espíritu Santo tomará control de esa situación.

Consejos para una ministración

Detallaré también cinco puntos sobre la importancia de lo que necesitamos para ministrar liberación:

La autoridad del nombre de Jesucristo. La Palabra de Dios nos enseña que por la fe en Jesús, podremos echar fuera demonios como si Él mismo estuviera presente (Mr. 16:17). Jesús nos dio autoridad sobre el enemigo, así como se la entregó a sus discípulos (Lc. 9:1/10:19). La autoridad de Cristo como vencedor sobre todas las huestes de Satanás, se puede obtener a través del Espíritu Santo como respuesta a la fe. El grado de autoridad se mide por el grado de victoria personal y por medio del conocimiento y discernimiento de lo que el Espíritu de Dios quiere que el creyente haga.

La fe resiste al diablo. Nuestro adversario quiere devorarnos, debemos resistir permaneciendo firmes en la fe (1 Pe. 5:8-9).

La protección de la sangre de Cristo Jesús. La sangre habla del nuevo pacto que rompe el poder del pecado (Ap. 5:9-10). También nos da una posición perfecta delante de Dios, quien nos ve limpios por medio de Su sangre (Ap. 1:5). Es importante aplicar la sangre de Cristo Jesús sobre nuestra vida antes de comenzar a ministrar liberación y confrontar al enemigo en una batalla espiritual. Debemos entender la importancia de la protección que hay en la sangre de Cristo Jesús. Según el libro de Apocalipsis capítulo 11, versículo 12, vencemos a Satanás por medio de la sangre del Cordero, Jesús. La sangre es nuestra protección perfecta ante el acusador.

La confesión de la Palabra. Dios nos dio Su Palabra para usarla como espada contra el enemigo (Ef. 6:17b). La confesión al ministrar desata esa autoridad. Le aclara al enemigo cuál es nuestra posición y rompe las ataduras (Lc. 10:19 / Mt. 18:18 / Col. 2:15).

La fortaleza del Espíritu Santo. Cuando buscamos de Su ayuda, el Espíritu Santo nos otorga fortaleza en Dios y en el poder de Sus fuerzas (Ef. 6:10). La Biblia enseña que cuando fue tentado por Satanás, Jesús volvió en el poder del Espíritu (Lc 4:14). El que se une al Señor, un espíritu es con Él (1 Co. 6:17). Con esta certeza de dirección y fortaleza tenemos la victoria asegurada.

Sugerencias para ministrar liberación:

No gritar ni apretar con fuerza el pecho de la persona. Tenemos que mantener la posición correcta frente al endemoniado u oprimido. No poner nuestro cuerpo sobre el de la otra persona. Muchos creen que si se recuestan sobre el endemoniado entonces la persona será libre. Esto es incorrecto. Debemos considerar que tal vez la persona fue abusada en el pasado y por esa razón no quiere ser tocada en alguna parte de su cuerpo que le recuerde ese episodio. Una vez, un pastor mientras ministraba liberación a una jovencita, le sostenía sus piernas desde la rodilla hacia arriba para que no se golpee. Él no sabía que esa muchacha había sido abusada de niña y no le gustaba que le toquen las piernas. Eso la afectó más todavía. Es importante saber cómo y dónde tocar a la persona mientras la ministramos. Esto también incluye a las personas del mismo sexo que el ministrado. He visto mujeres que pusieron sus manos sobre le corazón de otra mujer y creen que esto no tiene nada significativo. Sin embargo, deben recordar que hay personas que se sienten sensibles en cuanto a su físico porque tal vez fueron violadas por personas de su mismo sexo. Mi consejo es que la persona ponga su propia mano sobre su corazón, entonces el que ministra puede poner un dedo sobre la mano del ministrado. El contacto con su piel será la mano de ella misma.

No ejercer la autoridad humana sino la de Cristo. A veces, la carne se involucra en la ministración y no es la autoridad humana sino la de Cristo. Necesitamos comprender que ministramos bajo la autoridad de Jesús, y no como resultado de nuestro cargo o mando en la iglesia.

No presionar a la persona respecto a su necesidad de liberación. La liberación se alcanza a través de la voluntad. Aunque le den al endemoniado varios vasos de aceite para que reciban liberación, si él no quiere ser libre nunca lo será. Una vez vi como cuando una persona no aceptaba ser libre le hacían tomar aceite para que vomitara. Esto no es así, aunque los que ministran de esta manera dicen que Dios les mandó hacerlo. Respeto su postura, pero en la Biblia no hay ejemplo de eso. Debe tener cuidado de no caer en los extremos para que la persona no salga traumatizada de esa experiencia.

No establecer conversación con los espíritus inmundos. Sabemos que el diablo es mentiroso, por lo tanto, lo que los demonios digan también será mentira. No necesitamos conversar con ellos. Muchos han ido hasta el extremo de conversar y preguntarle cosas a los demonios. Si usted está conectado con el Espíritu Santo, Él le dirá lo que quiere que sepa. Necesitamos escuchar la verdad de la boca de Dios y no la mentira de los demonios.

No exagere frente a la persona ministrada. Controle sus reacciones emotivas exageradas frente al ministrado. A veces, las emociones envuelven de tal manera que interfieren las antenas del discernimiento.

Si hay un familiar de la persona manifestada dentro la habitación, debe retirarse. No somos nosotros quienes ministramos esa vida sino el Señor, entonces lo haremos con amor y delicadeza. Si la persona cuenta cosas que lo hieren personalmente debe comprender que en ese momento los demonios hablan mentira y no puede tomar esas palabras como una profecía a su vida o palabras de parte de Dios para usted.

Orar la Palabra de Dios en la ministraciones. Nuestras oraciones no deben ser tan largas antes de echar fuera el demonio, ya que la persona ministrada puede estar agotada y débil. En algunas ocasiones, cuando la persona necesita ser libre y está consciente de ello, pide una cita con el líder que va a ministrarla, y como una disposición de su parte va en ayuno. Personalmente no lo recomiendo ya que los demonios tomarán mayor actividad sobre una vida debilitada físicamente. Puede ayunar días anteriores a la cita, pero no debe hacerlo el mismo día. Sin embargo, creo que el que está ministrando debe estar preparado en oración y ayuno. Pero no lo haga el mismo día que ministra, a menos que sea un ayuno parcial, ya que el que ministra también puede debilitarse y comenzar a sentir dolor la cabeza. Nunca sabrá cuán larga será la ministración y la batalla.

Influencia satánica

La influencia que ejerce el enemigo en la vida de un individuo, produce daños, destrucción, ataduras y control (Lc. 13:11, Mt. 9:32-33, Mr. 5:1-20, Hch. 19:13-16, 1 Ti. 4:1). Esos son varios de los puntos que una opresión o influencia trae a la vida de una persona. Estas reacciones demuestran que necesita ayuda y oración. Por ejemplo:

1. Confusión espiritual
2. Confusión mental
3. Ceguera espiritual
4. Entorpecimiento de su relación con Dios
5. Tendencia a prácticas pecaminosas incontrolables
6. Ataduras de temor
7. Falta de prosperidad
8. Enfermedad
9. Depresión
10. Muerte espiritual (la persona no tiene deseos de buscar de Dios)
11. Espíritu de separación (la persona se siente apartada de las cosas de Dios)

Formas en que Satanás toma terreno y oprime a un individuo:

El pecado. Hay personas que le abren la puerta a Satanás cuando saben que están en pecado y no quieren someterse a la autoridad de Dios. Entonces el enemigo está en todo derecho y capacidad de tomar terreno y llevar opresión a esa vida.

Pactos satánicos. Los pactos satánicos conscientes o inconscientes abren las puertas a Satanás. Por ejemplo, ciertas practicas ocultistas: telepatía, cartomancia, hechicería, brujería, espiritismo, magia negra, magia blanca, astrología o el mismo satanismo.

Pasividad mental. El practicar ciertos ejercicios que implican poner la mente en blanco, es otra puerta abierta al enemigo.

Uso de drogas. Al consumirlas, las personas pierden el control de su mente.

Práctica de religiones orientales. También se puede abrir puertas a la actividad demoníaca con la meditación trascendental, el yoga, et.

Rebeldía. La actitud de rebeldía como forma de vida es la manera de abrir la puerta al padre de la rebeldía.

Odio o raíces de amargura por falta de perdón. De esta manera también se le abre la puerta al enemigo.

Ingresar a terrenos satánicos. Otra forma de abrir las puertas es comenzar a jugar en el terreno del diablo. Cuando se incursiona en actividades que no agradan a Dios, se juega con el diablo en su propio terreno.

Películas de violencia o de terror. Nuestros ojos son las ventanas del alma y lo que ingresa por ellos es muy importante, desde allí se le está cediendo lugar al diablo. También por lo que se oye, a través de cierta música que contiene mensajes satánicos.

Experiencias traumáticas. Satanás gana terreno en la vida de un individuo luego de una experiencia traumática.

Ya sea por un accidente, o por algún tipo de abuso sexual o psíquico, actos de violencia, abuso moral o heridas profundas en las emociones. Las heridas del corazón alteran las emociones.

Las maldiciones

Las maldiciones pueden afectar la vida de una persona, ya sea por ataduras o por herencia de sus antepasados (Éxodo 34:7). La maldición es una puerta abierta al diablo para aquellos que no tienen cobertura espiritual. Se deben romper esas ataduras que vienen por generaciones y que inducen a caer en el mismo pecado vez tras vez. Esta herencia puede manifestarse de las siguientes maneras:

Por tendencia pecaminosa al robo, al alcoholismo, a la drogadicción, a la perversión sexual, a la fornicación, al adulterio, a la homosexualidad, et.

A través del ocultismo también llegan las maldiciones, y esto trae pobreza. Hay personas a las que les llegan bendiciones pero se les escapan como si tuvieran un colador.

A través del suicidio, de enfermedades físicas, mentales o psicosomáticas. Muchas veces encontramos que una enfermedad castiga a una misma familia a través de distintas generaciones.

Por problemas nerviosos, como amarguras, depresiones, baja estima, maldiciones proferidas por familiares.

Esas son algunas de las maneras en que las maldiciones se manifiestan a través de las ataduras de los antepasados. Es importante romperlas para ser libres (Nm. 14:18 / Éx. 34:6-7)

Apéndice B

Una carta de parte de Dios

Mis ovejas tienen muchas preguntas que quieren hacerme, pero tienen miedo de recibir respuestas contrarias a sus propias ideas. Hija, tú no eres la única con una lista de interrogantes. Aunque algunas preguntas ya fueron respondidas, aún no estás lista para recibir mi respuesta en algunas otras. Muchos llegan a mi presencia con su mente llena de preguntas y oídos cerrados. No quieren escuchar mi parte de la conversación. La oración es un tiempo de diálogo, aunque muchos creen que es un tiempo para entregar una lista de peticiones y preguntas, e irse.

Cuando mis estudiantes me ven como su maestro, prestan atención a lo que les estoy diciendo. Si no me conocen como tal ni aceptan recibir las enseñanzas de mis verdades, no entenderán mi lenguaje.

Los que sienten mi presencia, pero no oyen mi voz, me conocen como su Dios, con poder; pero no me dan el honor como su maestro. Los que no respetan mi presencia, no podrán escuchar mi voz hablando directamente a su vida.

Hija, enséñale a mis ovejas que si buscan mi rostro, mi voz hablando a sus vidas, contestarán su lista de preguntas. Las respuestas a sus preguntas llegarán a través de Mi Palabra.

Mis siervos y mis siervas, muchos han dejado de soñar por sueños y visiónes. No tienen visión para ver mi propósito para su vida. Esto sucede cuando dejan de tener una relación íntima conmigo. Mis ovejas tienen que saber que necesito pasar tiempo a solas con ellas, sin distracciones, sin agendas. Entonces, hablaré directamente a su espíritu, revelando mis verdades a su vida, y como resultado sabrá cómo tomar decisiones que afecten su destino. Esto es algo personal, que cada persona tiene que venir a mí, buscando mi dirección primero, y después yo usaré otras maneras y personas para confirmarle lo que ya he dicho.

Mi voz directa al espíritu es casi audible, y no trae confusión ni contaminación de duda y control. Mi voz hablará al espíritu de la persona que me conoce como su amigo y su maestro, pero me honra y me respeta como su único Dios, dejando todos los otros ídolos. Entonces mi voz será escuchada por los oídos espirituales de mis ovejas. Los que tienen otros dioses en forma de ídolos personales, no podrán escuchar mi voz. Y algunos, ni la oyen.

La voz que llega con dirección, edificación y corrección, trae verdad, claridad y esperanza. Esa voz hablando al espíritu de mi estudiante, es Mía. Mi voz también habla directamente al corazón de las ovejas que buscan la guía del buen pastor: Jesucristo. Cuando mi voz llega directo al corazón, lleva luz a la situación, conocimiento a la mente y confirmación de las promesas que se encuentran en Mi Palabra y en el corazón de Mi oveja.

Si tan sólo me conocen como el Espíritu Santo, el espíritu de Jesucristo, y no como persona, Maestro, y su Dios, mi voz no será audible a los oídos espirituales sino solamente al corazón.

Para descubrir tu destino y poder debes conocer mis propósitos para tu vida, necesitas escuchar con tus oídos espirituales mi voz, y aprender a ignorar otras voces que llegan a tus oídos naturales.

Una persona que es egocéntrica, se tapa sus oídos espirituales con su egoísmo, y con su actitud ególatra. Si quieren conocer mi voz y mis planes para su vida, los que escogen satisfacer su carne necesitarán crucificar sus deseos humanos y escoger los deseos que Yo he depositado en su corazón.

Cuando la oveja está distraída por los deseos carnales y quieren explorar otros terrenos, con el tiempo se pierden y desconectan. La distracción quita el hambre de Dios. Cuando el concepto de guerra espiritual nació, Satanás utilizó la distracción para desviar a mis hijos del propósito y el plan que Yo tenía para ellos. La serpiente habló y llevó un nuevo plan. Su veneno llevó confusión. Eva escuchó la voz de Satanás, la serpiente.

En estos tiempos de tanta competencia, entre tantas voces hablando a los oídos de mis hijos, es necesario discernir de dónde viene la voz que están escuchando. Los que le dan importancia a voces que vienen en forma de serpiente, terminan confundidos y no comprenden mi llamado.

Todas mis ovejas tienen un llamado que Yo les dejo saber cuando establecen una relación conmigo. Quiero pasar tiempo contigo, sin distracciones y sin apuro. Si no encuentras tiempo para escucharme, para aprender a esperar en mí, y tienes el deseo de estar conmigo, es porque hay una serpiente distrayéndote. No le des lugar a la voz de la serpiente disfrazada con ropa del mundo, ni la escuches. Si le contestas y tomas tiempo para analizar lo que otras voces te dicen, le estás dando un nivel de importancia. Prestar atención a algo o a alguien, es darle tiempo, y la distracción lo roba.

Soy tu alfarero y quiero darte tiempo, si me permites. Si tus compromisos te tienen tan ocupado y no tienes tiempo para darme, estás viviendo fuera de mi perfecta voluntad para tu vida. En mis planes siempre hay tiempo para tener comunión conmigo, pero tú escoge tus prioridades.

Si me entregas tu vasija y me permites tomar tu vida en mis manos, me darás tiempo. En mi mano encontrarás que tu vasija se sentirá segura, porque Yo soy tu alfarero. La vasija que está en mi mano tiene mi atención. Yo contestaré sus preguntas y sus oraciones. En tu vasija he depositado mi unción, mi aceite, mis planes, mis sueños, y también encontrarás esperanza, oportunidades, talentos y muchas otras cosas.

El material que forma tu vasija es tu carácter. Cómo usas lo que se encuentra dentro de tu vasija determina si entiendes tu llamado. Cuando escoges poner en acción, actuar y hacer mis planes con los talentos que están dentro de tu vasija, estás cumpliendo tu llamado.

¡Ven a mí, y yo te enseñaré cosas que están dentro de tu vasija que ni conoces! Cuando descubras todo lo que hay en su interior descubrirás mis propósitos para tu vida. Conocerás mis planes y me darás la oportunidad y el tiempo para enseñarte a usar cada ingrediente que está en tu vasija.

Este es un proceso diario. Cada día tienes que aprender algo nuevo. Un cocinero no puede aprender a cocinar todo en un día. Es difícil aprender a cocinar sin cocina, con comida pero sin platos. Al igual que muchos, algunos tratan de aprender a caminar en su destino, sin saber mis propósitos para su vida. Haciendo mi voluntad, llevan bendición a su vida.

Mis planes se encuentran en mi presencia, al buscarme, encontrarás mi presencia y mis planes para tu vida. Planes diseñados por mí, el arquitecto del universo, especialmente hechos para guiarte, tienen un nombre: Tu llamado.

Ahora sabes que el llamado son los planes para cumplir mis propósitos. El proceso de hacer esto es "descubrir y caminar en tu destino". Cuando haces lo que yo te pido, obediente a mi mano, yo te guiaré. Eres como un niño que aprende a caminar y descubre lo que es correr hacia su destino. Mi poderosa mano está extendida sosteniendo la tuya. Tu mano es muy pequeña para sujetar la mía. Si encuentras mi mano me encontrarás a mí.

Si permites que mi mano sostenga tu vida no tendrás peligro, porque encontrarás mi protección. Tendrás mi provisión porque estás conmigo, sujeto a mi mano, y Yo soy el Dios de la abundan-

cia. Recuerda que en mi presencia no encontrarás escasez. Caminando tomado de mi mano, con tu vida entregada a mi guía, encontrarás mi poder, porque yo soy el Dios del poder. Soy más grande que el poder que está en ti, porque lo físico no me puede contener, ya que soy poder y vida.

¿Quieres encontrar vida y dar vida a tus situaciones que están muriendo? Necesitas saber que la vida está en mí, porque YO SOY la vida. Dejándote guiar por mi mano encontrarás respuesta a las preguntas que tengas sobre situaciones que enfrentes en tu vida. Cuando estés preparado a enfrentar una nueva etapa en tu vida, en mi poderosa mano están tus respuestas.

Los niños se sujetan de la mano de su padre, porque saben que papá está cerca para escuchar. Si te sujetas a mi mano, podrás escuchar mi voz, porque estaremos cerca. No te sentirás desamparado, solo y abandonado, porque sujeta a mi mano sabrás, sin duda, que estoy contigo.

Verás mi gloria alrededor de ti, porque estás conmigo. Sentirás mi unción tangible, porque tu mano toca la mía. Te sentirás lleno, completo, seguro de quién eres en mí, porque las cosas incompletas o a medias, no existen en mi presencia. Caminarás con mi autoridad, el diablo verá mi luz al llegar delante de ti, y huirá. Ingresarás a un nuevo nivel de guerra espiritual si te rindes a la guía de mi mano sobre tu vida, porque el diablo no te podrá tocar.

Si quieres conocer lo que es vivir de acuerdo a lo que mis palabras te han enseñado en esta carta, la decisión es tuya. Tú escoges cómo vivir la vida que yo diseñé para ti con un plan único, para transitar tu destino.

Sobre la autora

Amparo G. Rodríguez, también conocida como A. G., es misionera, evangelista, conferencista internacional y cofundadora de "Consumado Es", una organización misionera que desde 1987 está dedicada a la intercesión. Rescatada por Dios del ocultismo, fue enviada a predicar el Evangelio en los cinco continentes del mundo. Después de ser sana de su parálisis, A.G. comparte un mensaje de fe y esperanza a las vidas que necesitan sanidad, liberación y abundancia espiritual. Como reconocimiento a su ministerio fue invitada a participar de los devocionales de la Biblia *Mujeres de Propósito.*

A.G. nació en Cuba, y desde hace 21 años comparte su vida con su esposo, Sam. Tienen dos hijos y viven en Tennessee, EE.UU. Ellos son miembros de la iglesia Bethel World Outreach Center, bajo el liderazgo del Pastor Rice Brooks.

Por favor envíe sus peticiones de oraciones al ministerio, especialmente si sus seres queridos necesitan sanidad o liberación.

oracion@consumadoes.org

Si este libro ha sido de bendición para su vida, por favor dejenos saber su testimonio escribiéndonos a:

testimonios@consumadoes.org

Por correo regular escriba:

Ministerio Consumado Es
P.O. Box 292323
Nashville, TN 37229 USA

o visítenos en:

www.consumadoes.org